アメリカン・デモクラシーの逆説

渡辺　靖
Yasushi Watanabe

Eurus
Notus
Boreas
Zephyrus

岩波新書
1277

デヴィッド・メイブリー＝ルイス教授（一九二九〜二〇〇七年）の思い出に

目次

目次

第一章　アメリカン・デモクラシーの光と影

それでも私は立ち上がる

どうぞお書きなさい私のことを　歴史の中に
あなたの意地悪なねじくれた嘘で固めて
どうぞ私を踏みつけなさい　泥の中で
でもそれでも　塵のように　私は立ち上がる

（略）

私が絶望しているのを見たかった？
頭を垂れて　視線を落としているのを？
肩を落としているのを　涙の粒が落ちるように
心の叫びに弱り果てて

（略）

どうぞ私を撃ちなさい　あなたの言葉で
私を切り裂きなさい　あなたのまなざしで
私を殺しなさい　あなたの憎しみで
それでも空気のように　私は立ち上がる

（略）

恐怖と恐れの夜を置き去りにして
私は立ち上がる
素晴らしく澄んだ夜明けの中へと
私は立ち上がる
私の先祖がくれた贈り物を持って
私はその夢そして奴隷の希望
私は立ち上がる
私は立ち上がる
私は立ち上がる

マヤ・アンジェロウ，水崎野里子訳（『現代アメリカ黒人女性詩集』土曜美術社出版販売，1999年所収）

1　「回帰」という「変革」

マルクスの夢

あの頃、確かにアメリカは高揚感に包まれていた。そして、その美しい高揚感のなかに私はアメリカ民主主義の最良の資質と可能性を見出していた。二〇〇九年一月に行われたバラク・フセイン・オバマ第四四代アメリカ合衆国大統領の就任式。

サンフランシスコで女性初の市長を務めたダイアン・ファインスタイン上院議員(民主党、カリフォルニア州、肩書きは当時、以下も基本的には同)が就任式委員長として開会を宣言する姿に感慨を深くする。大統領就任式を女性が司るのはアメリカ史上初めてだ。

就任式の慣例となっている聖職者による祈禱を担当したのは全米有数のメガチャーチ(キリスト教保守派の巨大教会)であるサドルバック教会(カリフォルニア州)のリック・ウォレン牧師。リベラル派からの反発を覚悟で同牧師を抜擢したことに「不同意への同意」に基づく「一つのアメリカ」へ向けたオバマの並々ならぬ決意を感じる。

就任の宣誓をするオバマ大統領(2009年1月20日, ©AFP PHOTO/CHUCK KENNEDY)

そして、大統領の宣誓。ミシェル夫人が捧げ持ったのは奴隷解放宣言を行ったエイブラハム・リンカーン大統領が一八六一年の就任式で用いた聖書だ。同夫人が南部サウスカロライナ州の黒人奴隷を先祖に持つことを思うとそれだけで胸が熱くなる。

ホワイトハウスの基礎建設に従事したのは黒人奴隷だった。その館の主として初の黒人一家が移り住むわけである。奴隷解放宣言から一世紀半。「私には夢がある」と謳い上げたマーティン・L・キング牧師の演説から半世紀。それはアメリカにとってあまりに歴史的な瞬間だった。

かつてリンカーンが大統領に再選された際、カール・マルクスはヨーロッパの労働者を代表して祝電を送った。マルクスにとってアメリカは「まだ一世紀もたたぬ昔に一つの偉大な民主共和国の思想がはじめて生まれた土地、そこから最初の人権宣言(著者注－独立宣言)が発せられ、一八世紀のヨーロッパの革命に最初の衝撃があたえられたほかならぬその土地」(『マルクス・エンゲルス全集』第一六巻)だった。オバマの大統領就任は、まさに「民主共和国」の鼓動を感じさせるものであり、それゆえに党派を超えた感動を呼んだ。

黒人差別の激しかった南部アラバマ州に生まれ育ったコンドリーザ・ライス国務長官(共和党)は大統領選挙の翌日、国務省報道官の定例記者会見に急遽参加し、「アフリカ系アメリカ人として特に誇りに感じる」「人種問題が生活するうえで重要な要素にならないようにするため、この国は長い旅を経てきた。その作業は終わっていないが、昨夜は驚くべき前進を遂げた」と感動の面持ちで語った。それはオバマ自身が選挙戦中に示した「この国は決して完全に結合し得ないかもしれないが、世代を追うごとに完全に近づき得ることを示してきた」というアメリカ理解と軌を一にする。

選挙戦に敗れた共和党候補のジョン・マケイン上院議員の敗北宣言は実に格調高かった。

一世紀前にセオドア・ルーズベルト大統領が(黒人指導者)ブッカー・T・ワシントンをホワイトハウスでの夕食に招いた時、一部の国民はとんでもないことだと激怒しました。当時の残酷で傲慢な偏見と比べれば、今のアメリカは全くの別世界です。

こう述べたうえで、マケインは人種差別との決別を強く訴える。

アメリカ合衆国の大統領にアフリカ系アメリカ人が選出されたという、これ以上の証拠はありません。地球上で最も偉大なこの国で、一部のアメリカ人が国民であることを大切に思えないような、そんな理由はもう二度とあってはならない。

マケインは、ベトナム戦争の最中、ハノイ上空で撃墜され、ケガの後遺症で両腕は肩より上にあがらない。一年間の捕虜生活後、父親が太平洋軍司令官に昇格したことから、北ベトナム軍の政治的思惑により釈放されることになったが、マケインは仲間を置いて帰国することを固辞。さらに四年間の収容所暮らしに耐えた。たとえ選挙戦の敗北を認める場であっても、アメリカの理念に対する信念に揺るぎはなかった。

私は全てのアメリカ人に呼びかけます。現在の困難に絶望せず、アメリカの可能性と偉大さをいつでも信じるように。なぜならこの国では、不可能なことなど何もないからです。アメリカ人は決して諦めない。決して降伏しない。私たちは歴史から逃げない。私たちは歴史を作るのです。

一九世紀のフランスの思想家・外交官アレクシス・ド・トクヴィルは、近代民主主義思想の古典的名著『アメリカのデモクラシー』(一八三五年)のなかで「アメリカ人の重大な特典は、他の諸国民よりも文化的に啓蒙されていることではなく、欠点を自ら矯正する能力を持っていることにある」と述べた。

アフリカ・ケニヤ出身の父親を持ち、裕福な出自でも、世襲政治家でもなかったオバマを権力の中枢たるホワイトハウスまで押し上げた事実は、確かにアメリカの民主主義の活力を示すものだった。「アメリカ人として政治と社会にずっと失望し続けてきて、星条旗が掲げられているのを見るたびに恥ずかしく思ってきました。しかし、今日、自分もまた誇りを持って星条旗を振り回したい気分に駆られました」——普段、アメリカについて批判的な言葉を連発しているアメリカ人の同僚や友人からは想像もできない文面のメールを、私が数多く受け取ったのも就任式の頃である。

オバマの保守性

オバマの掲げた「変革」の直接的なターゲットがジョージ・W・ブッシュ(子、以下も特にことわりのない限りは同)政権の八年間にあったことは疑いない。しかし、ブッシュ政権への批判や不満を、従来ながらのイデオロギー対立や党派対立に回収することは、ブッシュの腹心カール・ローブ流の露骨な党利党略に導かれた時代と何ら変わるところがない。オバマがより高次の射程に据えたのは、現代アメリカを蝕み続けてきた「分断の政治」を超克し、蔓延するシニシズムを「希望」へと「変革」することだった。それはまさに「民主共和国」――あるいは(一九世紀末の政治学者ジョン・W・バージェスの表現を借りれば)「理念の共和国」――というアメリカの理想と伝統への「回帰」を志向するものであり、その意味において、オバマという存在は本質的に「保守的」であるとすらいえる。

そのことは、彼の連邦上院議員時代のオフィスに掲げられていたのがリンカーンの肖像画だったことからもうかがえる。同じイリノイ州出身の立身出世の政治家であることや、奴隷解放の父であることだけがその理由ではなかった。むしろ、南北戦争の時代に分裂したアメリカを統合し、政敵を閣僚に登用することで挙国一致を図り、「人民の、人民による、人民のための政治」を志向した点こそが重要だった。

オバマは大統領選を制した二〇〇八年一一月四日夜の地元シカゴでの勝利演説で、その歴史的偉業に浮かれることなく、敗れた共和党の支持者への心配りをこう表現してみせた。

共和党の旗を掲げて初めてホワイトハウス入りしたのは、この州の人(著者注―リンカーン)でした。(中略)共和党とは、自助自立に個人の自由、そして国の統一という価値観を掲げて作られた政党です。そうした価値は、私たち全員が共有するものです。民主党は確かに今夜、大きな勝利を獲得しましたが、私たちはいささか謙虚に、そして決意を持って、この国の前進を阻んでいた分断を癒すつもりです。

そして、こう国民の和合を訴えた。

かつて、今よりもはるかに分断されていた国民にリンカーンが語ったように、私たちは敵ではなく友人なのです。感情はもつれたかもしれないが、だからといってお互いを大事に思う親密な絆を断ち切ってはなりません。

民主主義は多数決とイコールではない。むしろ、勝者(多数派)が敗者(少数派)に対してどれだけ耳を傾け、信頼と共感を勝ち得てゆくかによって真価が問われる。「数の論理」を盾に敗者(少数派)を軽んずることは、トクヴィルが懸念した「多数派の専制」に他ならない。

リンカーンに対するオバマの敬意と憧憬は、就任式の演出にも極めて鮮明に見て取れた。リンカーンが一八六一年に列車で首都ワシントンDCに入り就任式に臨んだ故事を一部再現し、リンカーン記念堂では五〇万人の聴衆を前に就任祝賀コンサート「われわれは一つ」を開催、

リンカーン記念堂での就任祝賀コンサートに到着したオバマ夫妻(2009年1月18日, ©AFP PHOTO/MARK RALSTON)

就任式の公式テーマにはリンカーン生誕二百年を記念して「自由の新たな誕生」を選定した。奴隷解放を宣言したゲティスバーグ演説で述べた「この国家をして新しく自由の誕生をなさしめる」という一節からの引用だ。リンカーンへのこだわりは、式典直後に催された議会指導者たちとの初の昼食会で、リンカーンの就任時と同じメニューが、当時のホワイトハウスの陶磁器の複製を使って再現されるほどの徹底ぶりだった。

2　もう一つの「回帰」

自由をめぐる相克

「自由の新たな誕生」を掲げたオバマだが、その「自由」についてリンカーンはかつてこう述べている。「私たちは皆、自由を謳い上げます。しかし、同じ言葉を用いているからといって、同じ意味で用いているとは限りません」

たとえば、ニューハンプシャー州では州の標語を「自由に生きよ、しからずんば死を(Live Free or Die)」と定めている。イギリスからの「自由」を求めた独立戦争の精神を称えた句として、車のナンバープレートにも刻まれている。ところが、今から三〇年ほど前、プレートの文字を故意に覆い隠した男性に罰金が課せられるという一幕があった。「生き方まで政府に指示される筋合はない。私が命を捧げるのは神に対してのみ」というのが男性の言い分だった。争いは連邦最高裁判所まで持ち込まれた挙句、信教や言論の「自由」を重んじる立場から男性の勝訴に終わった。

中央政府に従順な日本ではなかなか想像しにくいケースだが、建国以来のアメリカの歴史を振り返るとき、社会の大きな運動律として、この「自由」をめぐる解釈のせめぎ合い——とりわけ、連邦政府を「自由への脅威」と見なすか、それとも「自由への手段」と見なすかという問い——があることに気づく。

一七七六年に出された独立宣言は専制君主制からの解放と共和制国家の誕生を謳い上げた。しかし、具体的な国の形をめぐっては、中央集権的で強力な連邦政府の樹立を推す連邦派と反対派の論争が熾烈を極め、連邦政府の「専制君主化」を防止するさまざまな仕掛け——三権分立、民主主義、州の自治と権限の擁護など——が憲法草案に盛り込まれる結果となった。草案は僅差ながらも承認され、正式に発効した憲法によりジョージ・ワシントンが初代大統領に選出されたが、一七八九年四月に当時の首都ニューヨークのウォール街で就任式が行われた時、ノースカロライナとロードアイランドの二邦は憲法の批准を拒み、連邦には加わっていない有り様だった。

一八六一年には南北戦争が始まるが、これは単に奴隷制をめぐる争いではなく、憲法制定時から存在した、商工業を中心とする北部と農業を中心とする南部の対立が根底にあった。保護貿易や国立銀行を通した中央集権の強化を求める北部に対し、南部一一州は南部同盟政府(CSA)を樹立、独自の憲法を制定し、ジェファーソン・デーヴィス将軍を大統領に据えて「USA」に抗戦した。もしも南部の綿花プランテーションと関係の深かったイギリスがCSAを支援していたならば今日のUSAはなかったかもしれない(イギリスはリンカーンの奴隷解放宣言を受けて北部支持へ傾いた)。

南北戦争後は北部主導の国家的統一が進み、アメリカは近代産業国家として急成長を遂げた。しかし、商工業の意を汲んだ共和党による自由放任の政治思想は、やがて一九二九年の大恐慌によって破綻する。その結果、社会的弱者を救済し、真に公正で自由な社会を実現するためには連邦政府の積極的介入が不可欠だとする発想が広まった。いわゆる「修正資本主義」の立場に立つフランクリン・ルーズベルト大統領のニューディール政策がその象徴といえるが、同政策に対しては実業界を中心に反発も強く、連邦最高裁がその一部に違憲判決を下したことを忘れてはならない。それほどまでに連邦政府への警戒心は強かった。

アメリカでは自由放任に相反するこの政治思想を「リベラリズム」と称するようになり、ヨーロッパ流の「自由主義」とは意味が反転する形になった。「リベラリズム」は第二次世界大戦後の福祉国家や一九六〇年代の公民権運動、第三世界への支援を下支えし、民主党をその主たる担い手としながら、一九七〇年代までの基本的な政治思潮を成した。

ただし、王制や貴族制など身分制社会の否定のうえに成立したアメリカでは、近代そのものに懐疑的なヨーロッパ流の保守主義はほとんど存在せず、建国の思想となったのはジョン・ロックら、個人の自由や権利を尊重する啓蒙思想だった。思想家ハンナ・アーレントが、アメリカ独立革命こそは社会のルールをめぐる権威づけを、王や宗教ではなく、個人の契約に委ねることに成功した近代史上唯一の事例だと指摘したことは有名だ。

逆に、自治と独立の精神を重んじる風土もあり、ヨーロッパのように政府権力を媒介にしながら、伝統的な保守主義に対抗すべく、急進的に社会の平等化を目指す社会主義が広く受け入れられることもなかった。つまり、ヨーロッパでは総じて保守主義－自由主義－社会主義という三すくみの対立軸によって政治空間が織り成されてきたのに対し、アメリカでは「保守主義」も「リベラリズム」も（広義の）自由主義を前提としており、イデオロギー間の幅はもともと狭いといえる。「保守主義」は自由主義右派にすぎず、「リベラリズム」は自由主義左派にすぎないという見方さえある。

「セルフ・ガバナンス」の時代へ

しかし、オイルショック以後の財政逼迫に加え、肥大化する管理社会や泥沼化するベトナム戦争は、合理主義的・社会工学的発想に基づいた「大きな物語」としての「リベラリズム」の魅力を損ねていった。対抗文化（カウンター・カルチャー）運動や自己中心主義（ミー・イズム）の高まりはその好例である。一方、南部では白人層を中心に公民権運動――そして、それを主導した民主党――に対する反発が募っていった。一九八〇年の大統領選における共和党ロナルド・レーガンの勝利は、こうした「リベラリズム」の終焉・否定を印象づけるものであり、就任演説で述べた「政府は問題への解決策ではない。政府こそが問題なのだ」というくだりはあまりに有名である。

そのレーガンが束ねた「保守大連合」は主に四つの勢力から成っていた。

① ベトナム戦争の失敗や冷戦のリアリズムを踏まえたうえで「強いアメリカ」の復権を目指す安保保守。いわゆるネオコンサーバティズム(ネオコン、新保守主義)。

② 減税や規制緩和、民営化、自由貿易に象徴される「小さな政府」を目指す経済保守。いわゆるネオリベラリズム(新自由主義)。

③ 公民権運動や対抗文化運動によって揺らいだ「伝統的価値」の回復を目指す社会保守。政治的に活発なキリスト教保守派を中心とする宗教右派が勢力を伸張した。

④ 従来からの穏健保守。いわゆるオールド・リパブリカン。

こうした背景のなか、「リベラリズム」は「弱腰外交」「大きな政府」「道徳的退廃」の代名詞と化していった。一九九〇年代の八年間こそ民主党のビル・クリントン大統領が政権を奪回したが、それはこうした保守勢力への妥協を重ねる「中道路線(右旋回)」を余儀なくされた時代でもあった。

たとえば、二〇〇八年秋のリーマン・ブラザーズの破綻に端を発した金融危機の一因として、銀行業務と証券業務の垣根が低くなりすぎ、銀行が本業から離れて高リスクの投資に傾斜したことが挙げられる。もともとアメリカでは大恐慌時代に両業務の垣根を厳格に分ける「グラス・スティーガル法」が制定されていたが、規制緩和の流れのなか、同法が撤廃されたのは、実は、クリントン政権時代の一九九九年だった。

もっとも、「保守大連合」の内部に必ずしも論理的な整合性があったわけではない。たとえば、経済や社会に対する政府の介入を否定もしくは最小限にすることを主張するリバタリアン(自由至上主義者)のなかには、結婚や家族という私的な領域への政府介入を嫌う見地から、政府による同性婚の禁止に反対する者も多く、宗教右派とは立場を異にしている。二〇〇三年のイラク開戦に際しても、あくまで限定的関与や国際協調を重んじるジェームズ・ベーカー元国務長官やコリン・パウエル国務長官など穏健保守の立場は、ネオコンのそれとは対照的だった。

いわば「寄り合い所帯」でもある「保守大連合」をかろうじて束ねた最大公約数は「セルフ・ガバナンス(自己統治)」という考えである。それは、国内的には政府の介入を排し、個人や企業、コミュニティの自由＝自治を重んじる立場を意味し、対外的には他国や国際社会――とりわけ国連などの国際的な官僚機構――からの介入を排し、国家としての自由＝自治を積極的に担保しようとする姿勢に通ずる。政府を「自由」への「手段」と見なす「リベラリズム」の考えは、大恐慌という極めて特殊な状況下における例外的発想であり、アメリカ社会の基本はあくまで「セルフ・ガバナンス」にあるというわけである(逆に、リベラル派にとっては、こうした保守派のかたくなまでの政府への不信は、まさに「反知性主義」の証左であるかのように映る)。

こうした意味で、二〇〇八年の大統領選における共和党のマケイン候補のスローガンが「アメリカを第一に(Country First)」だったことは興味深い。連邦政府への懐疑と〝Country First〟が併存し得るという発想は日本の感覚からすると奇異に感じられるが、「セルフ・ガバナンス」を信奉する点において、両者がつながってしまうのが保守主義のアメリカである。

まさにレーガンが好んで用いたスローガン「基本に戻れ(Back to Basics)」の要諦はそこにあり、それこそは彼が「保守」しようとしたものだった。アメリカの原点への「回帰」を志向した点はオバマとも相似しているともいえよう。ただし、レーガンが「リベラリズム」の否定という形でそれを実現しようとしたのに対し、オバマはより「内包的」な思考と手法を重んじている点が大きく異なる。

3　オバマイズム

「内包的」な思考と手法

ここでいう「内包的」とは「二項対立の超克」や「多元的な価値の尊重」という意味である。

「リベラルなアメリカも、保守のアメリカもない。あるのはアメリカ合衆国という国です」「われわれが今日問うべきは、政府の大小ではなく、政府が機能するか否かです」といったオバマの言葉は、左右のイデオロギー対立からの脱却を企図するものに他ならない。

また、国際社会の利益とアメリカの利益を「核兵器のない世界」という概念で結びつけたプラハ演説に象徴されるように、理想主義と現実主義は不可分の関係に置かれている。ソフトパワーとハードパワーの双方を重視し、ハト派とタカ派のいずれのアプローチもアプリオリに排除されることはない。

さらに、「シカゴの貧困地区サウスサイドに字の読めない子どもがいたら、その子が私の子どもでなくとも、私にとっては重要な問題です。（中略）弁護士や正当な手続きの保障なしに検挙されるアラブ系アメリカ人の家族がいたら、それは私の市民的自由を脅かすものです」という発想は、かつてジョン・F・ケネディ大統領が述べた「もし自由な社会が貧しい多数を救えないようであれば、少数の金持ちをも救うことができない」を想起させると同時に、自己と他者、あるいは内と外という二項対立を昇華するものである。それはまた、相互依存を深める現代世界における、オバマの関与政策や国際協調路線を下支えする発想でもある。

一見相反する立場を折衷させるオバマの思考や手法は、本来的に、多元的な価値に対して開かれたものでもある。そのことは、国内的にはリンカーン同様に「チーム・オブ・ライバルズ」を意識した組閣人事、対外的には「アメリカとイスラム世界の和解」を求めた二〇〇九年六月のカイロ演説などに顕著に表れている。

アメリカには「丘の上の町」「明白の天命」「地上で最後で最良の希望」といったメタファーで称される、一種の選民思想に近い自己理解の伝統があり、歴代の大統領はその言説に訴えることで国民統合を図ってきた。しかし、ケニヤ出身の父親と人類学者の母親を持ち、インドネシアで幼少期を過ごし、かつマイノリティとして太平洋の真ん中・ハワイで育ったオバマのアメリカ理解は、より多面的・多義的であり、少なくともアメリカの正義を絶対視し、世界に流布しようとする態度とは異質である。二〇〇九年一一月の日本訪問時、皇居で天皇・皇后両陛下に深々とお辞儀をしたことが話題になったが、「アメリカの大統領は誰に対しても頭を下げる必要はない」とオバマを批判したディック・チェイニー前副大統領の認識とは対照的だ。

かつてオバマはリンカーンを引用しながら「神が誰の側にいるかよりも、我々が神の側にいるようにしたい」と述べたことがある。そこには「神は我々の側にいる」ことを強調し、アメリカの正義を絶対視しがちだったブッシュ外交への皮肉が込められていた。ノーベル平和賞の受賞演説のなかでオバマは「人間の不完全さと理性の限界という歴史を認める」と述べたが、それはアメリカに対する彼自身の認識とも軌を一にするものである。

二〇〇九年一月、大統領として初めて署名したのはリリー・レッドベター公正賃金法だったが、これは賃金差別に関する訴訟を起こしやすくするための法案であり、長年、性的賃金差別と闘った大手タイヤメーカー・グッドイヤー社のアラバマ工場を退職した七〇歳の白人女性の名前を冠したものだった。オバマ夫妻は選挙戦中に彼女と出会い、就任式前にはワシントンDCへ乗り込んだ列車に同乗させ、就任式や舞踏会、法案署名式にも招待した。名もない普通の労働者が次世代のために闘い続けたことをオバマは賞賛し、性別、人種、年齢を超えた社会的・経済的公正の実現を確認した。

また、ほぼ時を同じくして、オバマは「開かれた政府」のための二つの覚書に署名した。一つは「情報公開すべきか迷うときは公開する」ことを打ち出したもので、ブッシュ政権下と方針を逆転させた。もう一つは「透明性」「参加」「協働」の三原則から成っており、「政府の持つ情報は国民の財産である」という認識に基づいた情報公開、「知識は広く社会に散在している。その知識を政府は活かそう」という発想に基づいた国民からの情報提供や意見募集、そして組織の壁を超えた行政サービスの連携が提唱されている。いずれも最新のネット技術を

リリー・レッドベター公正賃金法に署名するオバマ大統領．背後の女性がリリー・レッドベター（2009 年 1 月 29 日，ホワイトハウス HP より）

駆使しながら「新しい公共」の精神を具現化しようとしているのが特徴的である。

厳しい現実

こうした一連のイニシアチブの根底にあるのは、オバマの内包的な思考と手法であり、それによって「回帰」という「変革」を成し遂げようとする政治的意思である。それは、かつてコミュニティ・オーガナイザーとしてシカゴのサウスサイドの住民のエンパワーメント（自立促進）に関わった経験や、草の根のネットワークを動員して選挙戦を闘い抜いた経験とも通底する。

しかし、アメリカはそうした内包性をどこまで受け入れることができるのだろうか。オバマが掲げる理想と伝統にアメリカはどこまで回帰することができるのだろうか。

二〇〇八年の大統領選で私が実感したのは、

「開かれた政府」を象徴するウェブサイトの一例：ホワイトハウスのHPでは，ホワイトハウス内で働くスタッフの給料が原則すべて公開されている

むしろアメリカ政治における保守的潮流の根強さであり、それは私たちが日本から想像するほど容易には「変革」しないという事実だった。

二〇〇六年の中間選挙で大敗した共和党にとって逆風が吹き続けるなか、大恐慌以来の金融危機が追い打ちをかけた。しかし、それでもマケイン候補は二二州(選挙人一七三人)を手中に収めた。大恐慌後の一九三二年の選挙で共和党が六州(同五九人)に激減したのとは実に対照的だ。得票率を比較すると、一九三二年の選挙で共和党は一八%もの大差で敗れたが、二〇〇八年にはわずか七%の差だった。

二〇〇八年の八月まで支持率は拮抗していたし、保守派のサラ・ペイリン(アラスカ州知事)が共和党の副大統領候補に指名されるや、マケインの支持率はオバマをリードするまでになった。最終的にはオバマが制したものの、最後まで激戦が続いた州も少なくない。何よりもオバマの経済政策——著名投資家のウォーレン・バフェットも支持している——が「社会主義的」と糾弾される始末だった。

選挙広告にはマケイン陣営の三倍もの資金が投じられたが、それでも白人——とりわけ低学歴・低所得者層——の警戒心を十分解くには至らなかった。オバマを「イスラム教徒」と誤認する人は一三%も残った。そして、「リベラル」は最後まで「大きな政府」「左翼」「エリート主義」の同義語として忌避・否定され続けた。オバマ自身も自らを「プログレッシブ(進歩的)」と称するのがやっとだった。

大統領就任後の各種世論調査をみても、自らを保守と見なす者の割合がリベラルと見なす者の割合よりも二倍近い状況に変わりはない。景気刺激策から医療保険改革、金融規制改革、移民法改革、地球温暖化対策・エネルギー法案に至るまで、党派やイデオロギーの対立は一向に収まる気配がない。

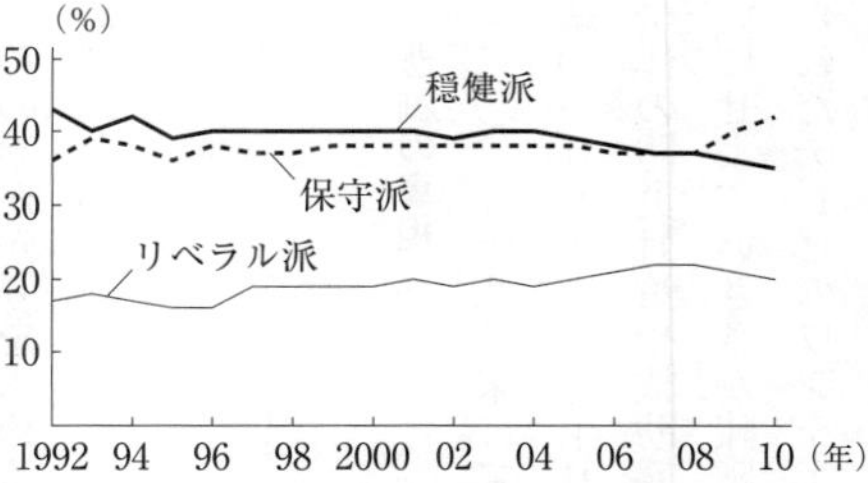

注：1992-2009年は年平均，2010年は上半期
出典：ギャラップ社

アメリカ人の政治的帰属意識

内政から外交まで重い課題が山積するなか、オバマが掲げる内包的な思考や手法をどこまであてにしてよいのか。オバマが回帰しようとするアメリカの理想と伝統をどこまであてにしてよいのか。理念や原則を重んじる一方で、極めてプラグマティックでもあるアメリカの国民にとって、これらは個々の政策への賛否や、日々の支持率の変動を超えた、より根源的な問いである。

と同時に、私には、そこにはオバマというカリスマ的指導者の資質や能力、日々のワシントンの政治状況や駆け引きを超えた、アメリカの民主主義のより根源的な問題が横たわっているように思えてならない。

その手がかりを求めるべく、少し時計の針を戻して、まずはニューオーリンズの再訪から始めてみたい。

4　ニューオーリンズ再訪

悲劇の真相

二〇〇五年八月末にアメリカ南東部を襲い、死者一八〇〇人以上の犠牲者を出した過去最大級のハリケーン「カトリーナ」。世界中のメディアがニューオーリンズ市、ひいてはアメリカ全体の防災対策や救助態勢の欠陥を批判した後でニューオーリンズを語ることは、野蛮ではないにせよ、いささか陳腐ではある。それでも訪れようと思ったのは、被災当時、現地から伝えられたテレビのワンシーンがずっと心に引っ掛かっていたからに他ならない。

そのシーンは被災から一週間ほど経ったときのもので、レイ・ネーギン市長が、当時、一万人以上いるとされた残留市民を強制退去させるよう警察に命じたのに対し、住民の一部が発砲しながら警察や州兵に抵抗する瞬間を捉えたものだった。

市民が銃を所有していること自体に驚きはない。それは合衆国憲法で認められた権利である。しかし、自らの生命が危機に晒されている状況だ。発砲してまで抵抗する必要はあるのか。この不信感の強さは何なのか。その銃声は他のアメリカ社会といかに共鳴するものなのか。

　そんな思いとともに被災後初めてニューオーリンズを訪れたのは二〇〇八年二月。一八〇〇人以上の犠牲者を出した被災から約二年半が過ぎた冬の日だった。

　ニューオーリンズ大学の文化人類学者マーサ・ワード教授に連絡を取り、市内を案内してもらうことにした。彼女は地元ニューオーリンズを調査フィールドとしており、この土地に根強く伝わるブードゥー信仰に関する研究で知られている。

強制退去命令に対して憲法の理念を掲げて抵抗する市民(2005 年 9 月 9 日，©AFP PHOTO/HECTOR MATA)

　ニューオーリンズは海抜下二メートル前後に位置しており、湖や川に囲まれた地形から「スープ皿」とも呼ばれる。こうした「ゼロメートル地帯」を強力なハリケーンが襲った場合の危険性について、連邦政府や州政府など関係当局は少なくとも今回の被災の五年前から想定し、机上演習も二回実施していた。カトリーナの際は、上陸前に住民の八五%が避難していたが、実は、これは割合としてはかなり高い部類に属する。

　しかし、発展途上国での自然災害ならいざ知らず、先進国であるアメリカにおいてこの規模の自然災害による犠牲者が一〇〇〇人を超えることは尋常ではない。その一因として、堤防や排水施設の整備といったハード対策の欠陥に加え、被災後の救急応答や復興が遅れた点は広く知られるところである。

しかし、ワード教授によると、その背景は極めて複雑で、どれか一つに還元できるほど単純ではないという。

たとえば、幾度となくハリケーンの襲来を受けているフロリダ州では、救急応答や復興にかかる時間はもっと短い。退職者や富裕者が多く暮らす同州は、洪水保険などへの加入も盛んで、自力復興の力を持っているからだ。また、フロリダ州は大統領選で雌雄を決する激戦州になることが多く、連邦政府や州政府の速やかな復興支援が受けやすい政治的環境にある。

一方、ニューオーリンズのあるルイジアナ州は、個人所得額が全米で最も低い州である。貧困層が多く、各種の保険加入者も少なく、自力復興の力に乏しい。大統領選では共和党の牙城であり、激戦州になることがないため、政治的な配慮を得にくい環境にある。

ルイジアナ州は州兵を総動員して救急応答と復興にあたった。しかし、当時、同州の州兵は兵力の三分の一にあたる三〇〇〇人がイラクに派遣されていた。工兵部隊やヘリなどは他州からの応援に頼ったが、「よそ者」に即戦力を期待するのは難しい。二〇〇四年に行われた机上演習の際に救急応答や復興に関する綿密な計画づくりの必要性が確認されていたものの、イラク戦費増大のあおりを受け、連邦政府のハリケーン対策予算は逼迫していた。

加えて、ホワイトハウス(大統領府)、FEMA(連邦緊急事態管理庁)、ルイジアナ州政府、ニューオーリンズ市当局(市長、市議会)といった関係機関の不手際も重なった。

まず、ホワイトハウスに関して、ワード教授は、ブッシュ大統領が二〇〇六年の一般教書演説のなかでニューオーリンズ市民のことを〝people down there〟と表現したことに強い憤りを覚えたという。〝down there〟という表現は、話し手から離れた場所を示す「そこでは」といった意味で、ごく日常的に用いられるが、「あそこの遅れたところで」といった軽蔑的なニュアンスも含み得る。「一九六五年にハリケーン・ベッツイが我々を襲ったとき、当時のリンドン・ジョンソン大統領はすぐに(最貧地区の)「低地第九区」を視察し、ニューオーリンズに留まりながら被災者救済を指揮しました。大統領が一緒にいてくれたことが、一体どれだけ心強かったことか。それに比べてブッシュはあまりに冷たかった」。そう語るワード教授は今でも大雨が降ると大きな不安に襲われるという。

次に、FEMAに関しては、二〇〇一年九月の同時多発テロ以前、大統領直轄の独立機関として国内外で高い評価を得ていた。しかし、二〇〇三年、テロ対策を主眼に設立された国土安全保障省の下部機関に格下げされ、予算・人員ともに削減、上層部も含め、多くの災害対策専門家たちが離れていった(被災当時、全体の五分の一にあたる五〇〇ポストが空席だった)。カ

ニューオーリンズ市低地第９区(著者撮影)

トリーナの際、連邦機関に広く動員をかけるためには「国家的災害」としての認定が必要だったが、国土安全保障省長官がその認定を行ったのは、何と、浸水が始まって丸一日たってからだった。

カトリーナで同じように被災したアラバマ州やミシシッピ州と比べても、ルイジアナ州の復興の遅れは目立ったが、州政府、とりわけキャスリーン・ブランコ知事(民主党)の責任を問う声も大きかった。結局、同知事は二〇〇七年に行われた知事選への立候補を断念し、わずか一期で退く格好となった。ワード教授によると、救急応答や復興支援をめぐっては、民主党の州知事と共和党の大統領の政治的確執もあったという。

最後に、市当局にしても、ネーギン市長(民主党)自らが招集した復興委員会による復興計画と、それに対抗する形で市議会が中心になってまとめられた復興計画の調整が難航するという体たらくだった(さらにはＦＥＭＡが独自に策定した復興計画も鼎立していた)。そもそも、当初、ネーギンが避難命令の発令を躊躇したのは、ハリケーンの進路がそれて被害を免れた場合、市が民間企業から賠償請求されることを懸念したからという説もある。
結局、関係機関による連携不足や責任転嫁は感情的な対立にまで発展した。加えて、各機関の幹部による政治的腐敗行為、緊張感や思慮に欠ける言動などが連日のように報じられ、市民感情を逆なでし、政治不信に拍車をかける格好となった。

「アメリカの都市計画史上、最大の犯罪」

災害はその社会の暗部を露にする。ハリケーン到来の警告を受け、避難命令を受けたものの、逃げ出すための金や車がなかった者。せっかく購入した家財道具が略奪されるのを恐れて自宅に残った者。食料も水もなかったため、生き延びるためにスーパーマーケットを略奪せざるを得なかった者。保険に加入できずに——あるいは保険金の支払いの滞りのあおりを受けて——路上生活を余儀なくされた者。連邦政府が一世帯あたり二〇〇〇ドルの生活支援金を振り込もうとするも、銀行口座そのものを持っていなかった者。

人口動態統計(二〇〇六年)によると、アメリカ国民のうち貧困層(四人家族で年収二万一〇〇〇ドルに満たない者)は一二・三%であり、「貧困との戦い」を掲げたリンドン・ジョンソン政権時代の一九六八年の一二・八%からほとんど改善していない。黒人ではその割合は二四%に及ぶ。同統計によると、ニューオーリンズは、デトロイト(ミシガン州)やボルティモア(メリーランド州)同様、黒人が住民の三分の二を占めており、全米平均の一三%と比べて極めて高い。黒人の貧困層は三〇%に達している。

カトリーナはこうした黒人貧困層の存在、あるいはアメリカにおける貧困の問題を浮き彫りにしたわけだが、より示唆的なのは貧困層あるいは貧困への対応だ。

「市内ではレイプ、強盗、殺人が横行」し、四万人以上の避難所となった「スーパードームやコンベンション・センターでは惨殺された遺体が数十体も放置されている」「飢えた黒人被災者が死体を食べ始めた」など、ニューオーリンズ全体が「無法地帯」と化したかのような風評が広まった。そのほとんどが事実無根であることは後に判明するが、市街の治安が確保されるまですべての救急応答が停止され、食料と飲料水の配給が行われたのは、何と被災から五日目のことだった。

風評被害そのものは災害時の常だが、カトリーナで特徴的だったのは、「貧困層を抹殺するため政府は堤防を爆破した」など、政府に関する風評が広く出回った点である。

一方、隣接するグレトナ市の保安部隊は、ニューオーリンズからの避難民に対して銃口を向け、橋を渡って流入することを阻止した。避難所や配給物資の用意がないというのがグレトナ側の説明だったが、治安悪化への警戒や人種差別が背後にあったという見方がニューオーリンズ側では根強い。グレトナでは人口の五六%が白人と多数派を占めている。

とりわけ大きな物議をかもしたのは「低所得者向け団地」をめぐる問題だ。ニューオーリンズにはカトリーナ以前から約五〇〇〇戸の「低所得者向け団地」が存在した。市民のあいだでは「犯罪や薬物取引の温床」というイメージも強く、運営管理の問題が常に指摘されていたが、設計や建築の質そのものへの評価は高い。気象災害への耐久性にも優れていて、カトリーナの被害が最も少ない建物の一つだった。

ところが、被災後、その団地の取り壊し計画が住宅都市開発省によって進められた。更地には所得階層混在型住宅(mixed-income housing)やショッピングモールを作る案が有力という。まるで避難した住民たちが戻り住むことを拒もうとするかのような話だ。事実、ウォールストリート・ジャーナル紙(二〇〇五年九月九日付)によると、ルイジアナ州選出の連邦下院議員リチャード・ベーカー(共和党)は、被災直後、ワシントンのロビイストにこう告げたという。「やっと、ニューオーリンズの団地が片付いてくれたよ。我々ができなかったことを、神様が代わりにやってくださったのさ」(同議員は二〇〇八年に議員を辞職し、ロビイストに転職した)。ワード教授によると、計画が漏れ聞こえてくるや、団地前では、地元の市民が待機中のブルドーザーにチェーンで体を結わえ付けながら抗議する一幕も見られたという。ニューヨーク・タイムズ紙(二〇〇七年一二月一九日付)はこの計画を「アメリカの都市計画史上、最大の犯罪」とこき下ろした。政府の真意を疑う風評が飛び交うのも無理はない。

ワード教授によると、被災当時、強制退去命令に銃をもって抵抗した残留市民の多くは、こうした団地の住民だったそうだ。「以前から団地を取り壊そうという動きはありました。そこにカトリーナがやってきた。ニューオーリンズの団地は「アメリカで最も優れた公共住宅」と言われ、被害もほとんどなかったのに強制退去命令が出たことで、それまで鬱積していた政府

（上）低所得者向け団地
（下）団地内に掲げられた前向きなサイン
（いずれも著者撮影）

への不信感が一気に噴出したのです」

私をニューオーリンズへと駆り立てたテレビのワンシーンにはこうした背景があったというわけだ。

5　逆説的な現実

「我々は〝アメリカ〟ではない」

ワード教授に団地の一つを案内してもらった。歓楽街フレンチクォーターからは車でわずか五分。外観はきれいで、造りもしっかりしている。ボストンやワシントンDCで目にしてきた公共住宅と比べても、質の違いは明らかだ。「今すぐにでも戻り住める状態ですし、ニューオーリンズには働き口もあるのです。問題をおこす住民はいましたが、それはごく一部です。団地に戻り住みたいという住民の意向を無視して取り壊しが進められているわけですから、政府への不信感が助長されるのは当然ですよ」とワード教授は憤る（同団地は二〇〇八年春に更地となった）。

すぐ近くの高速道路の高架下では、約一五〇人が教会や慈善団体からの配給を頼りにテント暮らしをしている。市全体のホームレスも約一万二〇〇〇人と、被災前に比べ倍増している。

ルイジアナ州では被災した持ち家の再建費用として一世帯あたり最大一五万ドルを用意しているが、手続きが煩雑で支給には時間がかかる。賃貸住宅は需要増で家賃が高騰する一方、低所得者向け(サブプライム)ローン問題によって市場は冷え込み、住宅難に追い打ちをかけている。

ネーギン市長の諮問機関ニューオーリンズ市復興委員会は、二〇〇六年一月、整合的な災害復興を行うため、市内を一三の地区に分け、それぞれの地区から住民自身による再建計画を四カ月以内に提出するよう求めた。地区に戻る住民が過半数に達しない場合や再建計画を策定できない場合には、ハリケーン前の実勢価格での土地収用を認めるという内容だった。この案は「大規模な土地収用を包み隠した計画」として住民から猛反発を受けた。

ワード教授によると、一戸建ての家を持っている人びとにはトレーラーハウスが優先的に支給され、一戸建てを借りている場合でも、家主の許可があれば、低所得者向け団地に住んでいる場合よりもトレーラーを支給される確率は高かったという。「阪神・淡路大震災では社会的弱者にも等しく支援が与えられたと聞きます。それがニューオーリンズでは持ち家のある者からだったのです。アメリカは先進的な社会ですが、その恩恵は裕福な者だけが享受できるもので、一般市民にとっては〝第三世界〟と変わらない状況にあるのです」

ワード教授は細かい数字や言い回しに気を遣う方である。話の勢いで「難民(refugee)」と言いかけながら、すぐに「生存者(survivor)」や「避難民(evacuee)」と言い換えた場面が何度かあった。その彼女がこれほど強い言い回しを用いることが意外だった。「これは陰謀論でも何でもなく」と前置きしてワード教授は続けた。「八月二七日にブッシュ大統領はルイジアナ州に連邦非常事態宣言を発令しましたが、適用地域にはニューオーリンズなどの州南部は含まれていませんでした。夏休みを切り上げてエアフォースワン（大統領専用機）から被災地を上空視察したのは三一日。九月二日になって現地視察に訪れたけれど、実際はプレス向けの撮影をしただけです。これほど我々を軽視する根底には何があるのか。私はそのことをずっと考え続けてきました」

それは一体何なのだろう。

「要するに我々は〝アメリカ〟ではないということです。ご存知の通り、ルイジアナ州は一九世紀の初頭までフランス系植民社会としての歴史を一〇〇年以上有していました。今でも英語とフランス語が公用語ですし、民法はナポレオン法典を基にしています。行政区画としてカウンティ（郡）のかわりにパリッシュ（教区）が用いられているのもフランス時代の影響です。加えて、ニューオーリンズでは黒人が人口の三分の二を占め、クレオール化（フランス人やスペイン人、インディアンなど多様な文化的背景を持つ人びとの混交）も進んでいます。アメリカでも特にカトリック教徒が多い町です。市長は代々民主党員。当時のブランコ州知事も民主党員で、しかも女性でした。ワスプ（WASP、アングロサクソン系の白人プロテスタント）で父権主義的な共和党員であるブッシュ大統領にとっての〝アメリカ〟ではないということです。それは、大統領個人だけの見方ではなく、アメリカ社会の主流に広く共有されている見方かもしれません。カトリーナの被害を大きくした要因はいろいろありますが、私自身は、最も根底的な部分にこうした差別的な眼差しがあると思っています」

私にはこの説明が正しいかどうかは分からない。肯定も否定もできそうな話にも聞こえる。しかし、細かい数字や言い回しに気を遣うワード教授をもってしても、こうした言説を抱かしめるほどに、ニューオーリンズでは政府への不信感が漂っていることは注目に値する。

ワード教授にグレトナ地区での威嚇射撃の背後に人種差別があったと思うか尋ねると、大きな笑みを浮かべてこう答えた。「仮に意図的なものだったとしても、それを上手く実行できるほど体を成していないはずだわ」

不信感と恐怖心

カトリーナ被災の際、非常用発電機を動かすディーゼル燃料がないため、緊急司令本部は最初から機能不全に陥った。つながる電話が一つもなかったため、市長と側近は二日にわたって外界から遮断された。また、日常生活でも洗濯機が使えないなどの不便が続いた。そうした際に役立ったのはボランティアと教会だった。ニューオーリンズではカトリックの伝統が強いが、関連施設の半数が被災したこともあり、プロテスタントの教会や救世軍(イギリスに本部を置き、現在、世界一一五の国と地域で活動する国際的なキリスト教団体)が活躍した。ワード教授は民主党を支持するという意味で「リベラル」を自認しているが、市内に四つあるメガチャーチの活動、とりわけ非常用発電機の使用を広く市民に開放した点には謝意を隠さない。テキサス州ヒューストン市でも、全米最大のメガチャーチ、レイクウッド教会(信者数四万四〇〇〇人)はすぐにボランティアを組織し、同市のアストロドームなどに設けられた避難所に派遣した。

人道支援や災害復興のさまざまな局面において、宗教団体の機動力や機敏力は政府の補完的役割を果たしており、ブッシュ政権も、宗教団体による社会福祉活動に連邦政府が補助金を提供する「信仰に根ざした隣人協力機構(Faith-Based and Neighborhood Partnerships)」を通して教会を積極的に利用した。同イニシアチブは、弱者救済や社会の格差解消に果たす宗教団体の役割を高く評価した策であるが、政教分離の原則に抵触する、あるいは同政権の支持基盤である宗教団体に公費助成を与える口実だとする批判も根強い(オバマ政権は、より宗教的な多様性と公平性を担保するという条件で、同イニシアチブを拡張する方針を表明している)。ちなみに、FEMAが救援募金の受付窓口をリストアップした際、筆頭の赤十字に続く二番目以降はすべて宗教団体で、キリスト教保守派を代表するテレビ伝道師パット・ロバートソンが一九七八年に設立した「オペレーション・ブレッシング」が三番目に記されていた。

しかし、一方で、ロバートソンは二〇〇一年の同時多発テロの後、「イスラム教徒は、ナチスよりもたちが悪い。ヒトラーも悪いが、イスラム教徒がユダヤ教徒に行うことはさらに酷い」と発言し物議をかもした人物でもある。また彼は、反米左派政策を進めるベネズエラのウゴ・チャベス大統領が同国を「共産主義の侵略とイスラム過激主義の発射台にしようとしている」と糾弾したうえで、「二〇〇〇億ドルの戦費はいらない。我々には彼を排除する能力がある。秘密工作員に仕事をさせれば簡単だ」と述べたこともある。

カトリーナに関しても、たとえば、キリスト教保守派の組織「リペント・アメリカ」(「アメリカを悔い改める」という意味)の創設者マイケル・マーカベージは「同性愛者の祭りを毎年催しているニューオーリンズへの神の審判だ。(中略)多くの人びとの命が失われたことは大変悲しむべきことだが、神はこの邪悪な町を破壊された」と述べた。さらに同派のテレビ伝道師ジョン・ヘイギーは反カトリックの立場から「カトリーナは罪の都市に対する神の罰だ」と発言し、多くの被災者の感情を逆なでした。同氏は二〇〇八年の大統領選の際、共和党候補のマケインを支持していたが、「神はユダヤ人を天国に送るためにヒトラーを地上につかわした」と語り、マケインから支持を辞退されている。

カトリーナ被災後のニューオーリンズが完膚なきまでに露呈した政治への不信感と他者への

恐怖心。そうした負の感情によって織り成されてゆく〈アメリカ〉というパブリック（公）、そしてリパブリック（共和国）。そこには、同時多発テロ以後、世界に向けて、希望や楽観主義ではなく、恐怖や怒りを振りまいているかのように見えたアメリカ外交の姿も重なる。自由を謳い上げるアメリカの自己理解に鑑みて、それらはあまりに逆説的な現実に他ならない。こうした現実をたぐり寄せながら、その彼方に今日のアメリカ民主主義の姿を照射してみたい。

カトリーナが投げかけたのは、「貧困」や「人種差別」といった次元のみには回収しきれない問いであり、日々のワシントンの政治状況や駆け引きを超えた、アメリカの民主主義のより根幹に関わる問いである。そして、それは、たとえ「オバマ後」のアメリカにあっても、重みを持ち続けてゆく問いのように思えてならない。

ニューオーリンズは再生の一途にある。

しかし、カトリーナは終わらない。

第二章　政治不信の根源

吠える

（略）

頭蓋骨を叩き割って　脳みそとイマジネーションを食っている　あのセメントとアルミニュームのスフィンクスは何か？
モーラック（魔神）よ！　孤独よ！　汚物よ！　醜悪よ！　ごみ箱と手に入れることのできないドルよ！　階段の下できゃあきゃあ騒いでいる子供たちよ！　軍隊ですすり泣いている少年たちよ！　公園でしゃくり上げている年寄りどもよ！
モーラック　モーラックよ！　モーラックの悪夢よ！　愛のないモーラックよ！　精神のモーラックよ！　モーラック　苛酷な裁判官よ！
モーラック　不可解な監獄よ！　モーラック　死の骨十字　魂のぬけた監獄　哀しみの議会よ！　モーラックの建物は審判である　モーラック　戦争の巨大な石よ！　モーラック　人を仰天させる政府よ！

（略）

アレン・ギンズバーグ，諏訪優訳（『ギンズバーグ詩集　増補改訂版』思潮社，1991年所収）

1　イラク開戦決議の日に

選挙という巨大ビジネス

テネシー州選出のベテラン民主党上院議員を父に持ち、自らも下院議員、上院議員、そして副大統領をそれぞれ八年務め上げたアル・ゴアは、『理性の奪還』(竹林卓訳、ランダムハウス講談社、二〇〇八年)の冒頭で次のようなエピソードを紹介している。

わが国がイラクへの侵攻を開始する少し前のことである。ウェストバージニア州選出で最古参の上院議員ロバート・バードは議場に立つとこう切り出した。

「この議会はほとんど沈黙している。気味が悪いほど、怖いほど沈黙している。議論もなく、話合いも皆無である。この戦争についての賛否両論を国民にはっきり提示する試みすらもない。何もない。この合衆国上院で、われわれは何もせずただ黙ってやり過ごしているだけだ」

上院はなぜ沈黙を決めこんでいたのか?

この問いに対してゴアはこう推察する。

私などのように上院議員の経験があり、上院のこれまでの変化を見てきた者なら、イラク侵攻前の上院についてのバード議員の鋭い疑問に対し、次のような答を提供することもできた。議場が空っぽだった理由は、上院議員たちがどこか別のところにいたからである。彼らの多くは政治資金集めのためのイベントに出席していたのだ。その目的はただ一つ、つまり次期再選キャンペーン用に三十秒のテレビコマーシャル枠を買うためである。上院がイラク侵攻前夜に沈黙していた理由は、議員たち自身、上院の議場で自分たちが何を言おうと、関心をひくはずがないと感じているからである。（同右）

政治資金に関する調査と監視を行う非営利団体「民意に応える政治センター（Center for Responsive Politics）」によると、連邦政府の公選職への候補者や母体政党などが、二〇〇四年の選挙運動に使った資金の総額は四二億ドルに及んだ。これは二〇〇〇年と比べて四〇％の増加である。そして、二〇〇八年にはその額は五三億ドルに達した。うち大統領選には二四億ドルが投じられたが、これは二〇〇四年の二倍、二〇〇〇年の三倍に近い。連邦選挙委員会（FE

C）によると、選挙戦開始以降、オバマが集めた資金はアメリカ大統領選史上最高の七億五〇〇〇万ドル。マケインの三億五〇〇〇万ドルを凌駕したばかりか、二〇〇四年のブッシュ大統領（共和党候補）とジョン・ケリー上院議員（民主党候補）の資金の合計額をも上回った。

アメリカでは連邦選挙運動法（FECA）が制定された一九七一年以降、度重なる法改正によって企業や個人による献金が制限されてきた。しかし、現在でも、企業や労働組合が政治活動委員会（PAC）を設立し、そこを窓口にして社員や団体職員が献金を行うことは可能である。オバマは特定業界と癒着している印象を避けるため、PACからの献金を受け取らなかったが、二〇〇八年の選挙戦における一般的な連邦議員のPAC依存度は選挙資金全体の三割に及んだ。

一九七四年には、リチャード・ニクソン大統領失脚の契機となったウォーターゲート事件の反省を踏まえ、大統領選の候補者に対する連邦政府からの公的助成が制度化された。選挙資金調達の負担軽減が当初の狙いだったが、制度利用と引き換えに支出制限条項の遵守が義務づけられるため、近年、とくに大統領選の予備選では有力候補者による辞退が相次いでいる（予備選のみならず本戦でも辞退した主要政党の候補者はオバマが初めて）。

こうした連邦選挙委員会の監視下にある資金、いわゆる「ハードマネー」とは別に、選挙に直接的な影響を及ぼさないとされる政治活動（政党組織の運営費、有権者登録運動、投票促進運動、世論調査、政策研究など）のための資金、いわゆる「ソフトマネー」については、二〇

2008年の大統領選挙で党派色の強かったPACの献金額リスト(抜粋)

PAC名	総額(ドル)	民主党向け	共和党向け
全米不動産協会	4,020,900	58%	42%
国際電気労働者組合	3,344,650	98	2
AT&T Inc.	3,108,200	47	52
アメリカ銀行家協会	2,918,143	43	57
全米ビール販売会社協会	2,869,000	53	47
全米オートディーラー協会	2,860,000	34	66
国際消防士協会	2,734,900	77	22
オペレーター技師組合	2,704,067	87	13
アメリカ司法協会	2,700,500	95	4
国際北米労働者組合	2,555,350	92	8
ハネウエル・インターナショナル	2,515,616	52	48
全米住宅産業協会	2,480,000	46	54
航空パイロット協会	2,422,000	85	15
全米クレジット・ユニオン協会	2,362,899	54	46
国際機械工・航空機工連合	2,321,842	97	3
配管工組合	2,316,559	95	5
サービス従業員国際組合	2,285,850	94	6
米国教員連盟	2,283,250	99	1
トラック運転手組合	2,248,950	97	3
航空交通管制協会	2,210,475	80	20

作成：Center for Responsive Politics
出典：http://www.opensecrets.org/

〇二年に制定された超党派選挙改革法(マケイン=ファインゴールド法)によって、その調達と利用に大きな制限が課せられるようになった。

しかし、すると今度は、政治家や政党と直接的な関係を持たない非営利・非課税の政治団体、いわゆる「五二七団体」(内国歳入庁が政治団体を管理する国税法第五二七条に由来)が急増する事態となった。これらの団体は連邦選挙委員会の規制外にあるため、政治家や政党との連携を曖昧にしたまま、巨額の献金(上限なし)を自由に使うことができる。二〇〇四年の大統領選でケリー候補のベトナム戦争での功績を中傷するテレビ広告を流し、同陣営に大打撃を与えた共和党系の団体「真実のための高速艇退役軍人たち」はその好例だ。こうした「勝手連」による広告と区別するため、現在、各陣営の公式の広告では、候補者自身が「私はこの広告内容を承認します(I approve this message)」と述べることが義務づけられている。

こうした近年の状況についてゴアはこう述べている。

> 選挙資金制度の改革が、たとえよく準備されていたとしても結局は的はずれなものになってしまうのはこのためである。つまり政治対話に引き込むための主要な手段が高価なテレビ広告を買うことであるかぎり、マネーがアメリカの政治を支配するからだ。そしてその結果、思想そのものの役割は小さなものでありつづけるだろう。
>
> また、民主・共和両党の上院下院の選挙キャンペーン委員会が大富豪の候補者を探すようになったのもこのためだ。自己資金で広告を買えるからである。連邦議会の議場で裕福な議員の割合が増えたのはそのためだ。
>
> (前掲書)

二〇〇八年に選挙広告に投じられた費用を見ると、マケイン陣営の一億三〇〇〇万ドル(広告回数二七万回)に対し、オバマ陣営が三億一〇〇〇万ドル(同五七万回)と圧倒した。さらにオバマ陣営は選挙戦終盤に五〇〇万ドルを投じてゴールデンタイムに三〇分のテレビ広告を全米で放映している。

二〇一〇年一月には、連邦最高裁判所が、企業や労働組合、非営利団体による選挙広告費に対する制限を違憲とする判決を下した。合衆国憲法が保障する「言論の自由」は個人と同様に法人にも当てはまるというのがその理由である。オバマ大統領はこの判決が利益誘導政治を助長するとして強く反発、議会に影響を最小化するための超党派の法案の可決を促したが、石油大手や銀行、保険会社など大企業に堅固な支持基盤を持つ共和党の支持は得られなかった。

献金や広告のみならず、支援者のデータベース管理、ウェブサイト管理、ビデオ制作、メディア対策、世論調査、政策立案、立法調査、演説訓練など、ますます複雑化・肥大化する選挙戦を切り盛りするには有能な専門コンサルタントや法律家を雇うことが、少なくとも国政レベルでは不可欠となっている。選挙戦が巨大ビジネス化している現実はオバマ政権下でも何ら「変革」していないのである。

個人献金の両義性

二〇〇八年の大統領選でオバマがインターネットを活用しながら数ドル単位から可能な小口献金を三〇〇万人以上から集めたことは広く知られている。連邦選挙委員会によると二〇〇八年の大統領選でオバマが集めた個人献金は六億六〇〇〇万ドル。これはオバマの選挙資金全体の八八％に相当する。

もともと個人献金の占める割合が多いことは、アメリカ政治の特徴でもある。オバマと予備選を競ったヒラリー・クリントン上院議員も八八％、本戦を戦ったマケインは五四％を、それぞれ個人献金に負っていた（二〇〇四年の大統領選ではブッシュが七四％、ケリーが六九％だった）。

なぜアメリカでは個人献金が活発なのか。

この問いに対する答えとして、政党の縛りそのものが弱い点が挙げられる。

アメリカ政治史の権威ジェームズ・マクレガー・バーンズ（ウィリアムズ・カレッジ名誉教授）は、『一人で走る（*Running Alone*）』（二〇〇七年、未邦訳）のなかで、近年、候補者の党への帰属意識が弱まり、党の綱領や組織、実力者から独立したスタイルで選挙戦が展開されていると指摘する。

一九六八年の民主党大会で、ヒューバート・ハンフリー副大統領は、予備選の選挙運動をほとんど行わなかったにもかかわらず、党内の実力者からの支持を得たことで、候補者に指名された。そうした密室政治への反発から、選出過程の民主化を求める党員の声などに押される形で、民主・共和両党ともに、より候補者主体の選挙戦へと移行していったというわけだ。

その結果、候補者個人としての資金力や組織力、イメージ戦略がものをいう時代になり、選挙資金調達のためにも、選挙運動の前倒しが余儀なくされるようになったとバーンズは説く。このあたりはゴアが憂慮する連邦議会の現状とも通ずる。

ただ、個人献金を行う側からすれば、こうした経緯や事情は直接の動機にはならない。論功人事や利益誘導など「見返り」を期待して献金や集金に励む富裕者は常に存在するが、その数はあくまで限定的だ。

やはり最大の理由はアメリカ社会の政治風土そのものにあるように思う。

トクヴィルは、何ごともお上(政府)に依存しがちなフランスとは対照的に、学校や道路を作る場合でも、まず自らの手で成し遂げようとするアメリカ人の気概に感心し、前出の『アメリカのデモクラシー』のなかでアメリカ人の自治と独立の精神を賞賛した。確かに、合衆国憲法に規定されたような民主主義の制度設計は大切だろう。しかし、そうした精神や気概、いわゆる「心の習慣」なくしては立派な制度も機能し得ない。トクヴィルはそう考えたのだった。

アメリカでは、今日でも、小学生が地元の議員の事務所や議会を見学し、大学生がそこでインターンをする機会が多い。仕事を休職して選挙ボランティアに専念することも珍しくない。

政治を監視する非営利団体もあまた存在する。こうした政治風土を育み、かつそれに培われるのが「心の習慣」なのであろう。オバマの大統領就任式の際、会場周辺の道案内や祝賀舞踏会の雑用を担う無給ボランティア(交通費や滞在費も自己負担)に、必要数の四倍近い六万人もの応募があった。

しかし、その一方、個人献金が増大することで、党や連邦政府からの助成金だけに頼っていては当選が覚束ないほど、政治にカネがかかる傾向がかえって助長されているという見方もある。インターネットという新しいメディアで集められた個人献金の半分以上が旧態依然としたテレビ広告やダイレクトメール、電話に投じられているという報告もある。選挙資金規制法の「抜け穴」をくぐることで、富裕者ほど影響力を行使しやすくなっている現実も否定できない。

オバマの大統領就任式の実行委員会は、企業や組合、ロビイストからの献金は一切求めず、すべて個人献金のみに制限した。その結果、二〇万人を超える市民から目標金額を超える四八〇〇万ドルが集まったが、その半分近くが上限の五万ドルを献金した富裕者で占められていた。民主主義にとって個人献金という制度はまさに諸刃の剣といえる。

2 法人化される民主主義

ロビイストは悪か

諸刃の剣という点ではロビイストの存在も然りだ。

ブルームバーグ・ニュース(二〇〇九年八月一四日付)によると、オバマ政権が掲げた医療保険改革に関係しているロビイストの数は三三〇〇人に及ぶという。これは連邦議員(上下両院合わせて五三五人)一人当たり六人の計算になる。二〇〇九年度の上半期だけでロビー活動に二億六三〇〇万ドルが投じられた。

また、同ニュースは二〇〇八年の選挙で落選ないし引退した連邦議員六一人中一五人、つまり四人に一人がロビー会社に転職したと報じている。オバマ政権による連邦銀行、医療保険、エネルギー、軍事調達などへの巨額歳出を見据えての判断だ。

オバマが指名ないし任命した二六七人の職歴を調査したナショナル・ジャーナル誌(二〇〇九年一月号)によると、少なくとも三〇人、つまり九人に一人が過去五年間にロビイスト登録をした記録を有する。ティモシー・ガイトナー財務長官はゴールドマン・サックス社のロビイストだったマーク・パターソンを財務省の首席補佐官に指名したが、パターソンはかつてウォール街幹部の高額報酬への規制に反対すべく活動していた人物である。

不良資産救済プログラム（TARP）による巨額の公的支援を受けた金融機関から、議員が政治献金を受けていたことも明らかになっている。連邦選挙委員会に提出された書類を調査したニューズウィーク誌（二〇〇九年三月二五日号）によると、TARPによる大型支援を受けた五社の政治活動委員会（PAC）が、二〇〇九年の一月から二月にかけて献金した総額は八万五三〇〇ドル。その大半はTARPを監督する委員会に所属している議員への献金だった。つまり国民の税金がTARPを迂回して有力政治家の選挙資金に還流していたというわけだ。当然、献金の目的は、金融機関にとって有利な法案作りや運用を加速させることにある。

オバマは大統領就任直後に、ロビイストが以前のロビー活動に関連する分野の政府内の地位に就くことを制限する大統領令に、二〇一〇年には連邦政府に登録したロビイストを政府の諮問委員に任命することを禁じる覚書に署名するなど、ロビイストの影響力の排除を「変革」の柱の一つに掲げている。しかし、こうした事実はまさにアメリカの金権政治の根深さの証左といえよう。

もっとも、当然のことながら、ロビイストの側にも言い分はある。

ある意味では、ロビイストとは「結社」の代理人でもある。異なる利害関係を持つ人びとが団結して政府に影響力を及ぼすことは民主主義の基本でもある。トクヴィルが指摘したように、アメリカは政治から宗教、学術、慈善に至るまで自発的結社(ボランタリー・アソシエーション)の活動が活発な国であり、そうした結社への参加を通じて、自発的な政治の営みを発展させてきた。結社こそは、社会的拘束の強い、伝統的な身分制社会から解き放たれたアメリカ人を「個人主義」の弊害(孤立化や無縁化)から守っているとトクヴィルは考えたのである。ロビイストは、そうした結社に関わる人びとの声を政府に伝達し、政策論議を多様化・活性化することで、政府の「専制君主化」を防止していると主張するだろう。

前出の非営利団体「民意に応える政治センター」によると、二〇〇九年の時点で、ロビイスト登録をし、積極的に活動している人数は一万四〇〇〇人。ロビー活動に充てられた総額は三五億ドルで、一九九九年から二・四倍に増加している。彼らの顧客の多くは富裕層であるが、連邦議会予算局によると、アメリカ人の一〇%を占める富裕層が連邦税全体の五五%を支払っている(上位一%の富裕層が二八%を負担)。その一方、連邦予算の約六〇%が個人に給付され、受益者のほとんどが貧困層と中間層である。ロビイストの立場からみれば、政府に対してより多くの税金を負担している富裕層の利益を代弁することは、咎められるべきどころか、極めて公正な行為ということになる。

しかも、ロビイストは決して富裕層だけを顧客にしているわけではなく、貧困層や中間層の利益も代弁している。たとえば、全米最大の労働組合中央組織(ナショナルセンター)であるアメリカ労働総同盟・産業別組合会議（AFL－CIO、加入者一一〇〇万人）は、二〇〇九年に四〇〇〇万ドルをロビー活動に投じている。

おそらく問題はロビイストの存在そのものではなく、そうした活動に関する情報公開や相互監視の仕組みが不十分なこともあり、本来、自由な政策論議を保障するはずのロビー活動が、政治的競争に参入するコストを高めることで、皮肉にも、そうした自由な公共空間を封殺しかねない点にあるのだろう。

AIPAC（アメリカ・イスラエル公共問題委員会）で演説するオバマ上院議員（当時）（2008年6月4日，©AFP PHOTO/TIM SLOAN）

たとえば、アメリカで最も影響力のある親イスラエルの結社の一つにアメリカ・イスラエル公共問題委員会（AIPAC）がある。会員数は一〇万人。二〇〇八年の大統領選の際、オバマやマケインなど有力候補が支持獲得のために講演を行ったことが話題になった。こうしたロビー団体の政治的動員力は極めて強固で、アメリカの政治家にとって、反イスラエルの立場を表明することは、集票や資金集めにおいて、大きな逆風にさらされることを意味する。たとえオバマがカイロ演説のなかで「アメリカとイスラム世界の和解」を求めたとしても、こうした厳然たる現実が中東和平交渉をめぐるアメリカの選択肢を狭めていることは否定できない。二〇一〇年六月には、パレスチナのガザ支援船へのイスラエル軍による襲撃事件を受けて「イスラエルのユダヤ人はポーランドやドイツへ帰ればいい」と発言したホワイトハウス担当の長老名物記者ヘレン・トーマス女史に対して、ユダヤ系団体「名誉毀損防止同盟」（ＡＤＬ）などが「反ユダヤ主義だ」と猛反発し、ジャーナリスト引退に追い込む一幕もあった。

ロビイストを通しての政治的影響力の行使が容易なアメリカの開放的なシステムを利用する国は多く、米司法省によると外国政府との契約を当局に報告しているロビイストの数は二〇〇九年前半の時点で一九〇〇人に及ぶ。たとえば、コンゴ共和国は二〇〇九年上半期だけでロビー会社やＰＲ会社などに一五〇万ドル、アンゴラ共和国は三〇〇万ドルを支払っている。

全米ライフル協会（一八七一年設立、会員数四〇〇万人）の影響力も健在だ。アメリカではクリントン政権時代の一九九四年に半自動式ライフル銃などの販売を禁止する時限立法が成立したが、二〇〇四年に失効。オバマ政権発足後にはエリック・ホルダー司法長官が規制の復活を唱えたが、身内の保守系民主党議員六五人から抗議の書簡が寄せられる有り様だった。民主党は伝統的に銃規制に前向きだが、一九九四年の時限立法が成立した後の中間選挙で大敗を喫した一因として、全米ライフル協会が民主党候補を狙い撃ちすべく激しい運動を展開したことが挙げられている。二〇〇八年の大統領選では、同協会が選挙資金として投じた一二〇万ドルのうち二〇%が民主党対策に充てられ、金額的には六年間でほぼ倍増する結果となった。銃規制へのハードルはますます高くなっているといえよう。

町中で普通に銃が売られている(モンタナ州，著者撮影)

現在、アメリカには民間だけで二億五〇〇〇万丁の銃が出回っているとされる。二〇〇七年に起きたバージニア工科大学での銃乱射事件の直後には、イリノイ州で生後一一カ月の赤ん坊が祖父からのプレゼントとしてライフルを受け取ることに許可証が発行され話題になった。全米で一年間に起きる殺人事件のうち、およそ七〇%に銃が使用されており、被害者の人数は年間一万人を超える。強盗や暴行などの犯罪に使用される凶器でも銃が一位だ。こうした状況が銃の保有をさらに助長する負の連鎖の先に、いかなる自由な公共空間が成立し得るのだろうか。

リンカーンの警告

二〇〇一年には規制緩和の波に乗り、エネルギー業界で大躍進を遂げた全米第七位の大企業エンロンが、ウォールストリート・ジャーナル紙の不正会計疑惑報道を契機に、わずか二カ月で破綻に追い込まれた。この事件が明らかにしたのは、政権中枢、取締役会、監査ファーム、格付機関、証券アナリスト、法律事務所、メディア、そしてロビイストなどによる癒着の構造であり、それによって公益が著しく歪められるという逆説の構図だった。二〇〇〇年夏から翌年にかけて、カリフォルニア州で電力会社が十分な電力を供給できなくなり、停電が頻発したことはその最たる例といえよう。当時、エンロンのケネス・レイ会長は「自由化が不十分だから電力危機が起きたのだ」と主張していたが、実際は、むしろ癒着の構図のなかでレッセフェール(自由放任主義)が極限を超えたというほうが正しい。

とりわけ一九九〇年代半ば頃からは「政府による規制」よりも「市場による規制」、つまり企業のほうが政府よりも優れた市場調整機能を持つという発想が強まり、年金保険や健康保険、公共交通、エネルギー供給、刑務所、軍事・安全保障、学校教育や大学教育に関わる広い分野で民営化が進み、こうした逆説の生じる余地が増幅した。

政治哲学者マイケル・サンデル（ハーバード大学教授）は、『公共哲学（*Public Philosophy*）』（二〇〇五年、未邦訳）のなかでこう指摘している。

企業広告が付いたスクールバス（2010 年 3 月 19 日，NYDailyNews.com より）

市場慣行や商業圧力は市民的制度を破壊し、公的領域を侵蝕しかねない。州が運営する宝くじや学校での企業広告収入によって、教育その他の公的用途が賄われつつある傾向は、その最たる例といえる。伝統的に――少なくともある程度まで――非・市場的な規範によって導かれていた日々の領域（政治、スポーツ、大学など）にブランディング、商業主義、そして市場の命題が拡張してきていることは、さほど目立たないとはいえ、狡猾的といえる。

（英文原著より筆者訳）

もっとも、自由市場経済への強い信奉がある一方で、それに伴うリスクに対する懸念が繰り返し表明されてきたのもアメリカの伝統である。

トマス・ジェファーソンが権利章典（一七九一年）で商業的独占を禁止しようとした後も、たとえば、庶民から出た初めての大統領アンドリュー・ジャクソン（在任一八二九～三七年）は強大化する企業勢力についてこう警告している。「いったい国民自身が公平な選挙で選出した代議員を通して国を統治しているのか、それとも、巨大企業の資本と力が密かに国民の意見に影響を与えその決定をコントロールしているのか…」（前掲『理性の奪還』より）

南北戦争の際、リンカーンは南軍を制するため、軍需品の生産や軍隊の鉄道輸送を業者に頼る他なく、企業勢力を抑制してきたさまざまな制限装置を撤回せざるを得なかった。彼は一八六四年にこう記している。

「われわれはこの戦争が終結に近づいたことを喜んでいるかもしれない。（…）しかし私には、近い将来危機が到来するのが見える。それを思うと不安になり、この国の無事が心配になる。戦争の結果、企業が王座につき、その後には高位の者たちの腐敗の時代がつづく。金権は人々の先入観に働きかけてみずからの治世を長期化させ、やがてすべての富が少数者の手だけに集中することになったとき、共和国は破滅するだろう。戦争中を含め、かつてこのときほど国の安全が不安に感ぜられることはなかった。どうか杞憂《きゆう》でありますように」（同右）

アメリカ史における大きな転換点は一八八六年に訪れた。この年、連邦最高裁はサンタクララ郡対サザンパシフィック鉄道の判決によって企業を法的に人格と判断した。そして、人格としての企業は合衆国憲法修正第一四条によって保護されるようになった。

クリントン政権の労働長官を務めたリベラル派の経済学者ロバート・ライシュ（カリフォルニア大学バークレー校教授）は、『暴走する資本主義』（雨宮寛・今井章子訳、東洋経済新聞社、二〇〇八年）のなかで、自由貿易・規制緩和・民営化が加速した一九七〇年代半ば以降の「超資本主義（スーパー・キャピタリズム）」に注目し、それが「消費者」や「投資家」としての選択肢を豊かにしてきた点を認めつつも、「労働者」や「市民」としての権利が蔑ろにされている点を危惧している。そのうえで、ライシュは「民主主義には中央権力から独立した民間の経済的権力が必要」と説く一方で、「超資本主義は、政治の世界まで溢れ出て、民主主義を飲み込んでしまった」と警告する。

このジレンマをどう克服し、資本主義と民主主義の共存共栄を図るべきか。ライシュが唱えるのは「企業の法人格の廃止」という抜本的な変革である。元来、人間に帰属しているはずの義務と権利が企業にも付与されている点こそが、民主的な意思決定プロセスを歪めている。そもそも個人だけが市民になり得るのであって、そのプロセスへの参加を許されるのは市民だけであるという発想だ。そのうえでライシュは、社会的責任の名のもとに企業に裁量的余地を与えるのではなく、法律で社会的ニーズを定め、それに企業を従わせること、法人税を課す代わりに株主に課税すること、企業の刑事責任を問う代わりに個人の刑事責任を問うことなどを提言している。

一見、保守派の主張を思わせる処方箋にはリベラル派からの反発も強い。近未来における実現可能性も極めて低いように思われる。しかし、自由市場経済に伴う政治的・社会的リスクを軽減しようとするならば、保守派かリベラル派かといった違いを超えた、より根源的な次元からの再考が求められる段階にあるのかもしれない。

3　溶解する二大政党

コークかペプシか

ところで、ライシュが指摘するように、一九七〇年代半ば以降、「超資本主義」が政治の世界を包摂するようになったとしても、共和党と民主党、あるいは保守派とリベラル派の対立は軽減するどころか、むしろ激化している感さえある。この逆説をどう説明すればよいのだろうか。

第一章で述べたように、アメリカではニューディール政策を支えたリベラリズムが、民主党をその主たる担い手としながら、一九三〇年代から一九七〇年代までの基本的な政治思潮を形成した。この「ニューディール・コンセンサス」のなか、一九六四年の大統領選挙で共和党の大統領候補に指名されたバリー・ゴールドウォーター上院議員は、「二つの政党には違いがほとんどない」と批判し、共和党の独自色を打ち出すことに腐心する。しかし、その彼でさえ、共和党内の急進派ないし保守派というイメージとは裏腹に、公民権法を巡る問題以外では、ネルソン・ロックフェラー知事（ニューヨーク州）に代表される党内の穏健派や主流派と、それほど大きな見解の隔たりがあったわけではない。

その後、リチャード・ニクソンやレーガンによって「保守政党」としての共和党のアイデンティティが確立されていったが、その際、民主党ないしリベラル派との対立軸として「文化」が争点にされた点は特筆に値する。宗教社会学者ウォルター・デイヴィス（サンフランシスコ神学校教授）は著書『打ち砕かれた夢』（大類久恵訳、玉川大学出版部、一九九八年）のなかで、標的とされた一九六〇年代以降のリベラル派の動向について次のように記している。

少なくとも四つの側面が考えられる。すなわち、公立学校での祈禱を禁じる一九六一年の最高裁判決、公立学校における強制的な人種統合、ベトナム反戦運動、妊娠中絶に関する一九七三年のロー対ウェード判決に象徴される性革命である。これら四つの改革をまとめて見てみると、伝統的な世界観を支えていた主な制度、すなわち家族、宗教、学校、国家のすべてが包囲されることになる。

こうしたリベラル派による「伝統的な世界観」への包囲による価値の揺らぎを不服とする保守派の怨念が、メディア・財団・シンクタンクなどの政治的インフラを通して、政治的に先鋭化されていったのが一九八〇年代の特徴といえよう。この意味で、二〇一〇年に米連邦最高裁を引退したジョン・スティーブンズ判事が、もともとは一九七五年に共和党のジェラルド・フォード大統領によって指名されたものの、一九八〇年代以降、最高裁全体が保守化するなか、リベラル派の代表格と位置づけられるようになったのは示唆的である。民主党の内部分裂の要因だった南部選出の保守的な議員(サザン・デモクラッツ)が激減し、南部が共和党の牙城と化し、保守派＝共和党、リベラル派＝民主党という棲み分けが顕著になっていったのもこの時期である。

やがて、ニューディール・コンセンサスに代わり、小さな政府・規制緩和・民営化・自己責任をキーワードとする新自由主義(ネオリベラリズム)——ライシュのいう「超資本主義」——が時代の潮流となるなか、実際には、共和党も民主党も「コークかペプシか」程度の政策的差異しか打ち出せなくなっていった。政権発足時こそリベラル色を前面に打ち出したクリントンだったが、国民皆健康保険制度導入の挫折や中間選挙における大敗(一九九四年)以後、保守勢力への妥協を重ねる「中道路線」(右旋回)を余儀なくされた。「大きな政府の時代は終わった」と宣言され、生活保護制度が見直され、北米自由貿易協定(NAFTA)が署名され、グラス・スティーガル法が撤廃されたのはクリントン政権下においてである。増税は政治的タブーとなり、連邦議会が増税案を可決したのは一九九三年のガソリン税が最後である。米商務省の経済分析局(BEA)の報告書(二〇一〇年)によると、二〇〇九年の時点で、個人所得に占める税金の割合は九・二%と、一九五〇年以降、最低値となっている(過去半世紀の平均値は一二%)。

グラス・スティーガル法を実質的に撤廃する法案に署名するクリントン大統領(1999年11月12日,WSJ.comより)

このように両党の差異が縮まるなか、「文化」はますますクローズアップないしヒートアップされていった。人工妊娠中絶やアファーマティブ・アクション(マイノリティへの積極的差別是正措置)、銃規制、死刑、展覧会や放送番組のプログラム内容といった従来型の争点に加え、同性婚、ES(胚性幹)細胞研究、知的設計論(インテリジェント・デザイン)、教育バウチャー(利用券)、安楽死なども政治化されるようになった。そして、これらの問題をめぐる立場が、各種の首長選挙や人事登用の際のリトマス試験紙となっていった。こうした状況を社会学者ジェームズ・ハンター(バージニア大学教授)が「文化戦争(culture wars)」と称したのは一九九一年のことである。

カンザス州出身の著述家トーマス・フランクは、全米でベストセラーとなった著書『カンザスは一体どうしてしまったのか?』(二〇〇四年、未邦訳)のなかで、一九九〇年代以降、それまで民主党支持が多かった同州の労働者が急速に共和党支持へと転向した点に注目した。彼らはなぜ「金持ち寄り」とされる共和党に票を投じるようになったのか。同書によると、それは民主党が「中道路線」の名のもと――そして政治資金調達のため――大企業を優先し始めたことによって、共和党との差異が不明瞭になったからだという。その結果、人工妊娠中絶や同性婚をめぐる「文化戦争」を煽る共和党に対して防戦を強いられ、皮肉なことに、いつのまにか民主党は「信仰」や「価値」を軽んじるエリート主義の政党――そして共和党こそは労働者の味方――と見られるようになったという。

同様の皮肉はオバマ政権による医療保険改革の際にも見受けられた。政治専門誌ナショナル・ジャーナルのオンライン版(二〇〇九年一〇月二二日付)によると、同改革に最も強硬に反対する保守系の議員(保守的な地域から選出された一部の民主党議員も含む)の選挙区ほど無保険者の割合が高くなっている。たとえば、全米共和党議会委員長のピート・セッションズ下院議員の地盤であるテキサス州の北ダラス地区では、実に、住民の三〇%近くが無保険のままである。これは全国平均のほぼ倍の高さだ。同議員は同誌のインタビューのなかで、改革そのものの必要性は認めつつも、民主党の案が政府の規模と権力を肥大化させ、財政赤字の拡大による増税を招くと反発している。同案については、それが人工妊娠中絶を助長するのではないかという宗教保守派の懸念も非常に根強かった。

医療保険改革が人工妊娠中絶を助長すると抗議する人びと(2009年7月21日, BCNN1.com より)

こうした状況について、医療政策学者ロバート・ブレンドン(ハーバード大学教授)は「現実のニーズよりも政治的なイデオロギーが先行してしまっている」と指摘している。つまり、自らの不遇は、政府支援の欠如というよりは、むしろ政府介入の過剰に起因するというイデオロギーである。少なくとも、そうしたイデオロギーの浸透を許してしまうほどに、民主党ないしリベラル派は政治的妥当性を失っているというわけだ。

オバマ離れの背景

二〇〇八年の大統領選でオバマを支持したのは、このように対

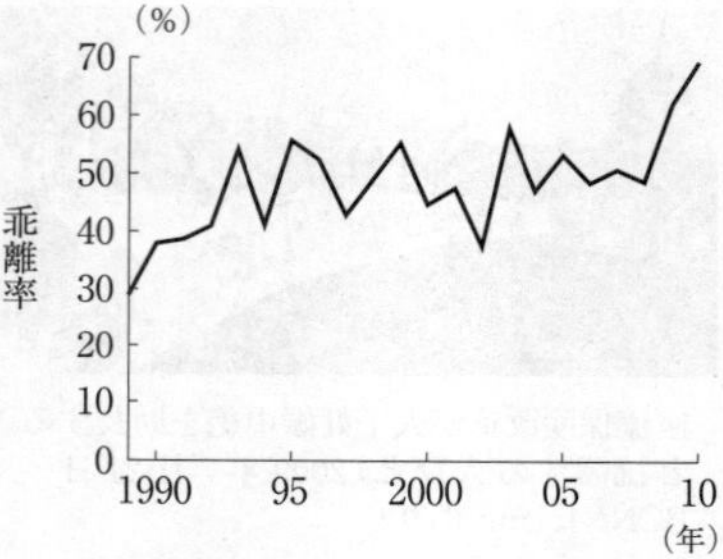

民主・共和両党の連邦議員による投票の乖離率の変遷
1989年には29%だった民主党・共和党間の意見対立が，オバマ政権に入ってから急拡大し，直近では70%にまで達している(©Brighten Godfrey)

立と閉塞感を深める政治状況に辟易した無党派層と、リベラル派の政治的妥当性の復権を願う層だった。第一章で述べたように、オバマの思考と手法の特徴は「二項対立の超克」や「多元的な価値の尊重」に基づいた内包性にある。しかし、保守派は、景気刺激策から医療保険改革、金融規制改革、移民法改革、地球温暖化対策、核軍縮、対イラン政策に至るまで、内政では「社会主義的」、そして外交・安保では「うぶで弱腰」と批判を強め、リベラル派に歩み寄る気配はまるでない。と同時に、リベラル派にとっては、オバマがあまりに保守派に妥協しすぎているようで不安だ。銃規制や同性婚といったテーマへの取り組みが消極的なのも不満だ。結局、就任二年目の一般教書演説(二〇一〇年一月)の頃までには、両派の不満と対立が深まる一方、オバマに期待した無党派層も離反する状況が生じてしまった。

上院における議事妨害(フィリバスター)を阻止するために必要な議員数は一九七五年に六七人から六〇人へと修正され、与党による法案可決の障壁はかなり低くなった。それ以降、仮に与党が六〇議席に達していなくても、法案ごとに立場が近い野党議員の支持を取り付けることによって政策的な合意形成が可能だった。しかし、超党派を掲げるオバマ政権下の医療保険改革をめぐる審議によって明らかになったのは、そうした歩み寄りの時代は過ぎ去ったという皮肉な現実である。そして、それはオバマというカリスマ的指導者の資質や能力を超えた、「超資本主義」が政治の世界を包摂する時代における、より構造的な現象でもある。

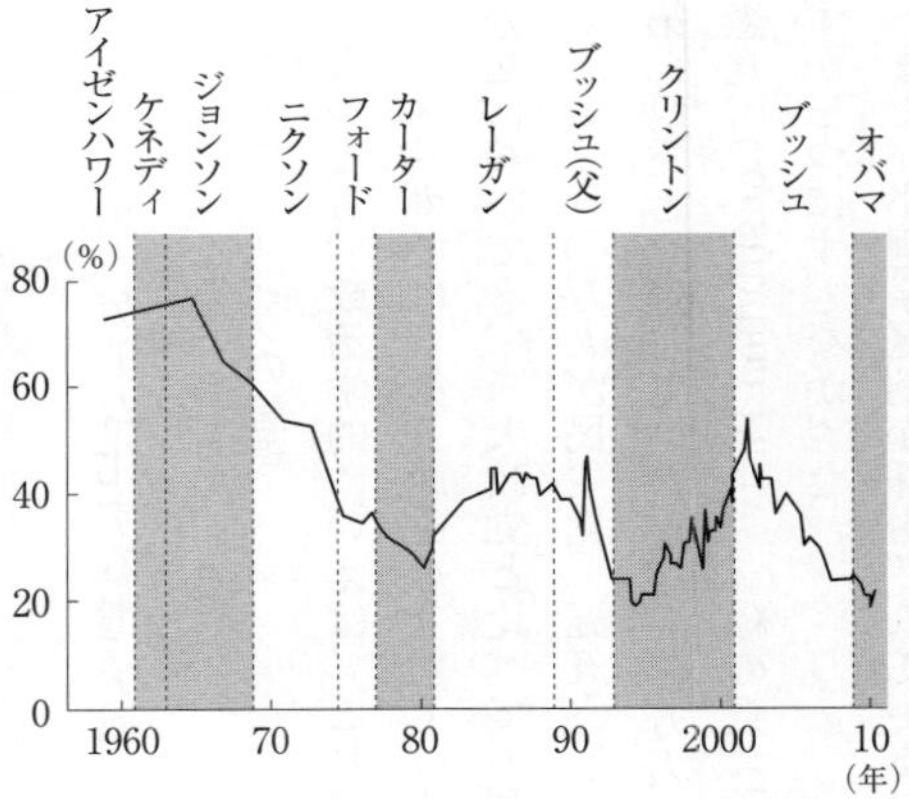

資料：Pew Research Center for the People & the Press
出典：http://people-press.org/trust/

アメリカ人の政府への信頼度(1958-2010年)

二〇一〇年五月に行われたNBCニュースとウォールストリート・ジャーナル紙の合同世論調査によると、アメリカ人の八割以上が二大政党に問題があると考えており、うち三割は「重大な欠陥」があるがゆえに「第三の党が必要」と答えている。同時期に行われたCBSニュースの世論調査では、アメリカ人の七割がワシントン、つまり連邦政府に対する不満を抱いており、うち二割が「怒り」を覚えるとしている。

4　ゲーム化する選挙戦

マーケティングの論理

もっとも、政治学的にいえば、これは二大政党制に典型的な現象ということになろう。アメリカでは、第三政党を立ち上げるための手続き的なハードルが高く、かつ公的助成金の分配においても、二大政党と比べて不利な仕組みになっている。たとえば、二〇〇四年の時点で、七二〇〇万人が民主党、五五〇〇万人が共和党、四二〇〇万人が無所属あるいは何らかの第三政党と登録していたが、一〇万人以上の登録者数を有する第三政党は憲法党(もしくは立憲党、Constitution Party)、緑の党(Green Party)、リバタリアン党(Libertarian Party)のわずか三つにすぎなかった。

また、小選挙区制が採用されているため、二大政党以外の候補者が最多票を獲得するのは至難の業である。とりわけ、大統領選では(ネブラスカ州とメイン州を除き)各州の勝者がその州に割り当てられた大統領選挙人を総取りする方式のため、一八五二年以来、第三政党出身の大統領は存在しない状況となっている。第三の意見の持ち主にとっては、まず共和党か民主党のどちらかに属して、その内側から自らの信ずる政策を訴えてゆくほうが現実的だ。

こうして第三の極を実質的に欠いたまま、共和・民主両党ともに有権者の過半数――とりわけ無党派層――の支持を獲得しようとするため、おのずと政策の大枠は似通ったものにならざるを得ない。加えて、支持率に大差がない場合、政権与党は相手の政策をある程度取り入れることで政治的な安定を図ろうとするため、さらなる折衷化・中庸化が進む。その結果、国政全体にとっては比較的、枝葉末節の事象が、差異化の手段としてクローズアップないしヒートアップされる傾向が生じやすくなる。

アメリカという超大国の指導者を決める選挙において、人工妊娠中絶や死刑の是非といった局所的問題が、ときに他の重要課題を覆い隠すほど、高度に争点化され得る現状はその好例かもしれない。とりわけ「信仰」や「価値」など文化をめぐる問題は、個々人の意味世界やアイデンティティの根幹に関わるものである。それゆえに妥協や交渉になじみにくく、対立も先鋭化しやすい。極めて身近な領域にまで政治空間が遍在化することで、閉塞感とシニシズムが広がる温床も増すことになる。それでは二大政党制の最大のメリットともいえる「民意にもとづく政権交代」の意義そのものも薄まりかねない。

しかし、その一方、こうした「文化」の争点化は、先述した『カンザスは一体どうしてしまったのか?』で指摘されているように、他の重要課題で両党間に大きな政策的差異を見出しかねている無党派層を掘り起こすには好手段となる。ブッシュ前大統領の参謀ローブが二〇〇四年の大統領選で企図したのはまさにこの戦術だった。その四年前の大統領選で民主党候補ゴアと超接戦だった結果を踏まえ、ローブは、リベラル派を切り崩すことよりも、保守系の無党派層を投票所に駆り立てるべく、同性婚の是非を選挙戦の大義の一つとして掲げる戦術を採ったのである。

もっとも、こうした集票戦術はローブに限ったことではない。一九九〇年代半ば以降、洗練された世論サンプリング技術や大型データベースを駆使して有権者の構成分析を行うこと、とりわけ激戦州における無党派層のマーケットを探ることは政治的日常となっている。アメリカの人口約三億人のうち有権者登録をしているのは二億人強だが、両党ともに、その八割以上に関する個人情報をすでに取得している。氏名、年齢、性別、学歴、職業、収入、住所、人種、エスニシティ、宗教、家族構成、投票歴といった基礎情報はもちろん、好みのアーティスト、休暇で行く場所、乗用車の種類など、四〇〇種類以上の情報が登録されている。国勢調査や各種年金情報、有権者登録リスト、投票記録、戸別訪問（キャンバシング）で得たデータ、公開市場で購入可能な消費者データなどを連動させることで、ターゲットにあわせて戦術をカスタマイズすることや、選挙運動のコストを抑えることができるというわけだ。

こうしたマーケティングの論理が政治空間を包摂している状況について、ゴアは先述した『理性の奪還』のなかで自らの体験をこう述懐している。

一九七六年に私が初めて下院に立候補したとき、選挙キャンペーンの期間中一度も中間世論調査をしなかった。しかし八年後、上院に立候補したときは調査をおこない、多くの他の候補者同様、自分のメッセージを有権者に届けるためにテレビ広告を活用したことがある。その上院選キャンペーンにおける転機をいまでもはっきり覚えている。(中略)私の選挙運動顧問はすべての調査結果、テレビコマーシャル計画の慎重なテスト、対立候補からの予想される返答、その返答への返答の準備など、時間をたっぷりかけて詳細に検討した。

(前掲書)

その結果、ゴアの選挙運動顧問が打ち出した方針は、「もしこの広告をこれだけの量で打ち、ブッシュ候補が予想通りの反応をし、さらにわれわれがこの量のテレビ広告で彼の返答に対するわれわれの返答を放送すれば、結果として三週間後の支持率調査でわが方のリードは八・五パーセント増加となるでしょう」という、驚くほど具体的なものだった。

ゴアはこの提案に賛同し、何と、三週間後には、彼のリードは本当に八・五%増加したという。しかし、その胸中は複雑だった。

自分の選挙キャンペーンなのだからむろん喜びはしたが、このことによって浮き彫りになったわれわれの民主主義といわれるものの実態に、不吉な予感を感じたのも事実だ。明らかに、少なくともある程度は、〝被統治者の同意〟すなわち「国民の意見」はコマーシャルの最高入札者によって購入される商品になりつつあった。選挙結果を操作するために金銭とテレビが巧妙に利用されはじめ、理性の役割が減少し出したのだ。（同右）

ゴアの当選を支えたような政治コンサルタントは、必ずしも政治的信念によって行動しているわけではなく、あくまでビジネス・パートナーとして選挙戦に関係している場合が多い。たとえば、現在、保守系のＦＯＸニュースなどで解説を務めるディック・モリスはクリントン政権の「中道路線」の指南役であったが、その後は、共和党のウィリアム・ウェルド知事（マサチューセッツ州）、アルゼンチンのフェルナンド・デラルア大統領、ウルグアイのホルヘ・バジェ大統領、メキシコのビセンテ・フォックス大統領などの選挙戦に携わった。同じくクリントン政権のコンサルタントを務めたマーク・ペンはイギリスのトニー・ブレア首相の再選やヒラリー・クリントン上院議員の大統領選に関与している。アメリカ流の選挙手法の影響力はこうしたトランスナショナルなエージェントを通して他国の政治にも及んでいる。

その一方、選挙時のみならず、当選後の政策形成や意思決定についてもコンサルタントが恒常的に指南を与えるケースも目立ち始めている。これは、独自の世論調査の動向をもとに政権運営や議会活動を展開するなど、選挙戦の延長線上に日々の政治活動を位置づける、いわゆる「永続的キャンペーン」の様相を強めるアメリカ政治と相互に連鎖する現象でもある。

5　包摂されるジャーナリズム

激変するメディア環境

「超資本主義」の論理と力学は、政治的権力・経済的権力に次ぐ「第三の権力」、あるいは立法・行政・司法に次ぐ「第四の権力」と称される世界にも揺さぶりをかけている。とりわけレーガン政権による規制緩和のうねりが続く一九八七年、連邦通信委員会(FCC)はそれまで放送の公共性と政治的中立性を担保してきた「放送の公正原則」や「公共番組枠の義務づけ」といったガイドラインを撤廃し、それまで規制されていた企業によるメディア買い占めを可能にした。その結果、地上波、ケーブル、衛星放送ネットワークなどが、少数の巨大企業のもとに集中する現象が顕著になった。

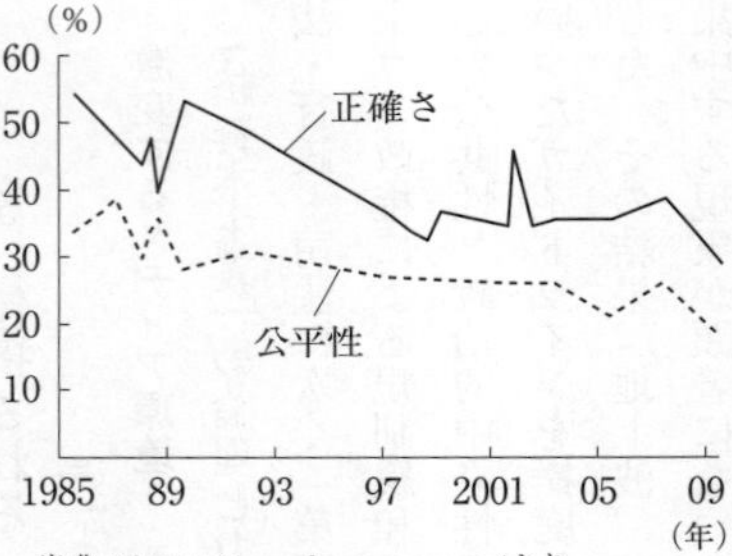

出典：http://people-press.org/より

アメリカ人のメディアに対する印象の推移

その顚末について、ゴアは先述の『理性の奪還』のなかで次のように記している。

> これらの巨大企業は、時として商業目的達成をサポートするためにニュース編成を操作したくなるらしい。ニュース部門はかつて公益に奉仕するものとしてネットワーク全体から協力を得ていたが、いまやプロフィットセンター(著者注－独立採算制の事業組織)と見なされて収益を上げ、時にはオーナー企業の大規模な計画を推進してさえいる。以前より少なくなったのは記者、報道内容、予算、遠征取材、編集局の数であり、取材判断の独立性も減少した。反対に以前より増加したのは企業経営方針からの影響、政府筋の情報、そしてお決まりの企業PRである。(前掲書)

コスト削減や競争激化に加えて、多チャンネル化やインターネットの普及など、メディアを取り巻く環境は激変している。その結果、ニュース・サイクルが極端に短縮され、情報の確認や分析に十分な時間をかける余裕が奪われた。そして、権力監視のための調査報道が敬遠され、個人的な評論や憶測、討論番組の占める比率が高くなった。さらにはコストの割に高視聴率が期待できず、報道被害による訴訟の恐れもあることから、代わりに有名人のゴシップやスキャンダルがニュースとして伝えられるようになった。

こうして権力監視の機能が低下するなかで直面したのが二〇〇一年の同時多発テロ事件だった。その圧倒的な衝撃の前に、アメリカのメディアが客観的で公正な報道の原則を踏み外し、感情的で愛国的な報道に走ったという批判が国内外で沸き上がったことは記憶に新しい。慎重な対応を促すメディアこそあれ、そのほとんどはアメリカのイラクへの武力攻撃に対する国際的支持の確保を求めるもので、攻撃そのものの根拠や妥当性を疑う大手メディアは皆無に等しかった。

そうした閉塞した状況のなかにあって、ABCテレビの司会者ピーター・ジェニングスはFOXニュースの報道姿勢を批判し、「開戦当初からFOXの司会者は襟に星条旗のバッジをつけていました。しかし、私たちには、自分が何者かを示すための星条旗は必要ありません。私たちの愛国心とは、質の高い、公平で誠実なジャーナリズムだと考えています」と公言した。さらに続けて、「同時多発テロ事件の後に高まった愛国主義(patriotism)は、本当の愛国主義ではなく、国家主義(nationalism)なのではないかと思います。政府や軍のすることであれば、何であろうと支持する傾向が強いのです」と世論の自制を促したが、同ニュースは視聴率を五・八％も失う結果となった。

そもそも、冷戦終結後の「アメリカ一極構造」と称される状況のなか、アメリカ人は海外への関心を失い、内向きになったと指摘されるようになった。大学でも外国語や地域研究を学ぶ者の減少が懸念され始めた。そこにコスト削減のプレッシャーが重なり、メディアの海外の取材拠点の縮小が相次ぎ、国際ニュースは比重の低下を余儀なくされた。ハーバード大学の調査によると、一九七〇年代、国際ニュースはネットワーク報道全体の四五％を占めていたのに対し、一九九五年には一三・五％まで低下している。

周知のように、近年、アメリカではインターネットの台頭や景気低迷による広告収入の低減のあおりを受けて、統廃合されるメディアが地方を中心に相次いでいる（二〇〇九年だけで一四〇紙以上が廃刊し、報道編集部の大幅縮小で出版・新聞業界で推定九万人が失職した）。その結果、地方の政治取材の現場では、民意を把握する手段として、サンプル数の少ない、安価で簡易な世論調査の占める比重が増大しつつある。地元に精通した記者による丹念な取材報道よりも、そうした日々の世論調査がますます統帥権をふるい、政治を動かしてしまうことへの懸念も高まっている。

メディアは「番犬」であり続けられるか

「新聞のない政府か、政府のない新聞か、いずれかを選べと言われれば、私は、一瞬の躊躇もなく、後者を選ぶべきだろう」と喝破したのは建国の父トマス・ジェファーソンである。この有名な一節を引用しながら、オバマは、CBSテレビの司会者ウォルター・クロンカイトの追悼式で「活力に満ちた、タフなメディアのない政府はアメリカの選択肢にはない」と述べ、近年の調査報道の衰退を憂慮した。さらに、オバマはホワイトハウス担当記者協会の夕食会で、次のように述べている。「皆さんこそが私たちに説明責任を果たさせ、正直であることを求め、私たちが安易に振る舞うことを防ぎ、ひいては人びとのために、私たちがより良い仕事ができるよう手助けしてくれているのです。(中略)そうした報道は堅持(preserve)するに値します。それは皆さんのためだけではなく、すべての人びと(the public)のために」

こうした大手メディアを取り巻く状況に対し、アメリカではインターネットを利用した、非営利組織による政府の活動の監視・検証も盛んである。有名なサイトとしては「オープン・ザ・ガバメント(OpenTheGovernment.org)」「ナショナル・セキュリティ・アーカイブ(The National Security Archive)」「サンシャイン・イン・ガバメント・イニシアチブ(Sunshine in Government Initiative)」「クルー(CREW)」「ガバメント・シークレシー・コラボラティブ(Government Secrecy Collaborative)」「オーエムビー・ウォッチ(OMB Watch)」「ソサエテイ・オブ・プロフェッショナル・ジャーナリスツ(Society of Professional Journalists)」「フェデレーション・オブ・アメリカン・サイエンティスツ(Federation of American Scientists)」「ガバメント・アティック(Government Attic)」などが挙げられる。しかし、なかには「番犬《ウォッチ・ドッグ》」役を自称する組織であっても、陰に陽に、党派色やイデオロギー色が反映されているケースも少なくない。

また、近年、アメリカでは、新たな試みとして、市民を記者に使う大手メディア、インターネットを使ったオルターナティヴ・メディア、調査報道を専門とする非営利の報道機関なども出現している。

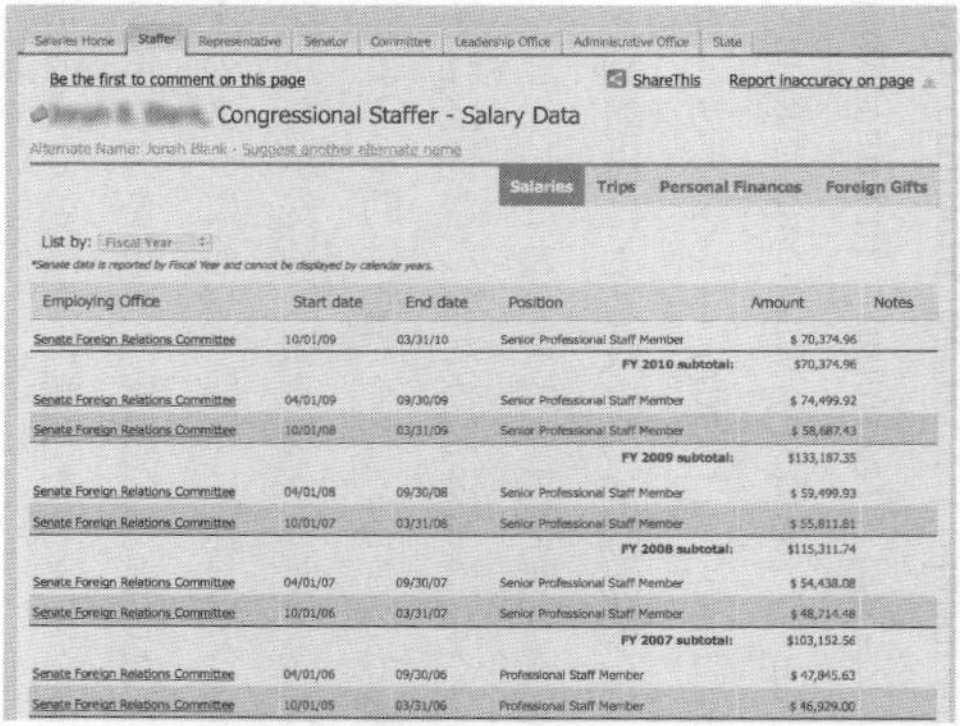

Employing Office	Start date	End date	Position	Amount	Notes
Senate Foreign Relations Committee	10/01/09	03/31/10	Senior Professional Staff Member	$ 70,374.96	
			FY 2010 subtotal:	$70,374.96	
Senate Foreign Relations Committee	04/01/09	09/30/09	Senior Professional Staff Member	$ 74,499.92	
Senate Foreign Relations Committee	10/01/08	03/31/09	Senior Professional Staff Member	$ 58,687.43	
			FY 2009 subtotal:	$133,187.35	
Senate Foreign Relations Committee	04/01/08	09/30/08	Senior Professional Staff Member	$ 59,499.93	
Senate Foreign Relations Committee	10/01/07	03/31/08	Senior Professional Staff Member	$ 55,811.81	
			FY 2008 subtotal:	$115,311.74	
Senate Foreign Relations Committee	04/01/07	09/30/07	Senior Professional Staff Member	$ 54,438.08	
Senate Foreign Relations Committee	10/01/06	03/31/07	Senior Professional Staff Member	$ 48,714.48	
			FY 2007 subtotal:	$103,152.56	
Senate Foreign Relations Committee	04/01/06	09/30/06	Professional Staff Member	$ 47,845.63	
Senate Foreign Relations Committee	10/01/05	03/31/06	Professional Staff Member	$ 46,929.00	

連邦議会スタッフの給与を調査し，フルネームで公開している民間組織のウェブサイトもある(LEGISTORM の HP より)

たとえば、CNNは二〇〇八年二月に視聴者が投稿するニュース・サイト「アイ・リポート・ドットコム(iReport.com)」を、ニューヨーク・タイムズ紙は二〇〇九年三月に市民ブロガーが参加するローカル・サイト「ザ・ローカル(The Local)」をそれぞれ立ち上げ、好評を博している。

インターネットを使ったオルターナティヴ・メディアとしては、政治専門のニュース・サイト「ザ・ハフィントン・ポスト(The Huffington Post)」(二〇〇五年五月開設)や「ポリティコ(POLITICO)」(二〇〇七年一月開設)などは、二〇〇八年の大統領選でも注目を集めた。個人ブログを用いたオルターナティヴ・メディアまで広げると、保守系の「ドラッジ・レポート(Drudge Report)」からリベラル系の「デイリー・コス(Daily Kos)」まで数多く存在している。

PRO PUBLICA Journalism in the public interest

Home | Our Investigations | Tools & Data | Reporting Network | Blog | About

Law and Disorder
After Katrina, New Orleans Police Shot Frequently and Asked Few Questions

Man Indicted for Alleged Racial Attack in Post-Katrina New Orleans

by Brendan McCarthy, The Times-Picayune, and A.C. Thompson, ProPublica July 16, 5:50 a.m.

This was co-published with The Times-Picayune.

A former New Orleans resident was charged Thursday with federal hate crimes for his alleged role in a racially motivated shooting of three black men in the days after Hurricane Katrina.

プロパブリカのHP

調査報道を専門とする非営利の報道機関としては「プロパブリカ(ProPublica)」「ボイス・オブ・サンディエゴ(Voice of San Diego)」「センター・フォー・パブリック・インテグリティ(The Center for Public Integrity)」などが有名で、慈善活動家や財団などから財政支援を受けながら、目先の収益に縛られることなく調査報道を行っている。「プロパブリカ」はハリケーン・カトリーナの災害現場で極限状態に置かれた医師や看護師の実態を描いたルポルタージュによって、二〇一〇年、ネットメディアとして初めてピュリッツァー賞に輝いた。

しかし、こうした新しいメディアについては、財政的基盤や政治的党派性の観点から、既存のジャーナリズムに比べて、どこまで報道の客観性が保たれているのか、あるいはどこまで持続可能なのか疑問の声が上がっているのも事実である。

「超資本主義」の論理と力学が、権力を行使する側のみならず、権力を監視する側をも包摂するなか、アメリカの民主主義の民主化はいかに可能たり得るのだろうか。現代アメリカにおける政治不信とメディア不信の根は深く、そして最も奥深いところでつながっている。

第三章　セキュリティへのパラノイア

ひとつの心がこわれるのを

ひとつの心がこわれるのを止められるなら
わたしが生きることは無駄ではない
ひとつのいのちのうずきを軽くできるなら
ひとつの痛みを鎮められるなら

弱っている一羽の駒鳥《ロビン》を
もういちど巣に戻してやれるなら
わたしが生きることは無駄ではない

エミリ・ディキンソン，川名澄訳(『わたしは誰でもない——エミリ・ディキンソン詩集』風媒社，2008 年所収)

1　ゲーテッド・コミュニティ

商品化されるユートピア

「超資本主義」の論理と力学はコミュニティの作法にも影響を及ぼしている。

たとえば、ロサンゼルス郊外のオレンジ郡にある、全米最大規模のゲーテッド・コミュニティ「コト・デ・カザ(Coto de Caza)」。東京ドームの四〇〇倍、東京都の港区にほぼ匹敵するこの高級住宅街の周りは高いフェンスで囲い込まれ、守衛が常駐する検問ゲートは住民や関係者以外を通すことはない。ゲートの内側はすべて私道扱いで、警備員が二四時間巡回している。一万四〇〇〇人の住民の八五%が白人、住民の平均年齢は三五歳と若く、五人に一人が大学院卒、世帯平均年収は一七万ドル(カリフォルニア州の約三倍)、一戸建ての価格はどれも一〇〇万ドルを軽く超える。

ゲート付きのコミュニティそのものは、超富裕層のための屋敷町という形で、一九世紀半ばにも存在していたが、より顕著になったのは、退職者向けが出現する一九六〇年代後半からである。不動産投機や消費のブームを迎えた八〇年代には富裕層向け、九〇年代には中流層向け

（上）ゲーテッド・コミュニティの象徴である検問ゲート
（下）広々としたゲーテッド・コミュニティ内に立ち並ぶ家々（いずれも著者撮影）

が急増した。その結果、一九九七年には全米で二万カ所、居住人口は八〇〇万人だったのが、わずか一〇年の間に五万カ所、二〇〇〇万人以上にまで増加している。カリフォルニア、テキサス、フロリダの三州を含むサンベルト地帯では、新規の計画型住宅の四〇%以上がゲート付きだ。とりわけ大都市部では五〇%にも達し、ロサンゼルス、ダラス、ヒューストンなどには一〇〇〇万以上の物件がある。タイプ別としては、退職者向け、富裕層向け、中流層向けにほぼ三等分されるが、最近では、治安を憂える労働者向けの物件も増加している。ときに地元住民からの激しい反発を受けながらも、フェンスで囲い込まれた「ユートピア」の商品化はとどまるところを知らない。

アメリカでは、原則、行政主導ではなく、住民の自発的意志によってまちづくりが行われる。つまり、自分たちのお金を税金として拠出することに合意し、警察や消防などを設立し、代表を通じてルールづくりを進め、まちとしての体裁を整えてゆくというわけである。州や郡が介入する度合は、本来的に低い。加えて、一九八〇年代以降、「小さな政府」を志向する政治的潮流のなか、公的サービスの提供者としての行政の役割は縮小し続けた。その結果、学校からレクリエーション施設、公園、道路に至るまで、住宅所有者組合などの私的管理組織が共有施設や共有資産に関するルールを決めるという手法が奨励されるようになった。ゲーテッド・コミュニティの多くが「半自治体」といっても過言ではないほどの強い権限を持っている理由がここにある（部分的に税の代理徴収さえ認められているケースもある）。当然のことながら、不動産価値を保全したい開発業者にとっては、こうした住民の前向きな姿勢は大歓迎だ。そして、行政にとっても、開発業者が新たな道路、下水道、その他のインフラストラクチャーにまず支出したうえで、そのコストを住宅購入者に転嫁してくれることは願ってもない話である。

増殖し続ける「新しい中世」

文化人類学者セタ・ロウ（ニューヨーク市立大学教授）は、自らの家族が暮らすテキサス州サンアントニオのゲーテッド・コミュニティでのフィールドワークをもとにした『ゲートの背後で(*Behind the Gates*)』(二〇〇三年、未邦訳)のなかで、ゲート内部が決して安全ではないことや、人付き合いが極めて希薄であることを活写している。そこでは、住宅所有者組合における絶え間ない口論とは裏腹に、大多数の住民は無関心を決め込んでおり、同じストリートに住んでいる家族や、子どもどうしが一緒に遊んでいる家族でもない限り、付き合いはほとんどない。その様子をロウは「道徳的最小主義(moral minimalism)」と表現している。

私自身が「コト・デ・カザ」を訪れた際、最も気になったのは子どもたちのことだった。社会の矛盾や悲惨な現実とは無縁の温室コミュニティで育ち続けて本当に大丈夫なのだろうか。この問いがずっと頭から離れなかった。ロウも著書のなかで、とある子どもが建設現場の作業員や清掃スタッフを見て、見慣れないものに対する恐怖のあまりたじろぐ様子を描いているが、むしろその光景そのものに私は不吉さを感じる。彼らが交わり合うことはあるのだろうか。

ゲーテッド・コミュニティは、その姿から、中世ヨーロッパの「要塞(fortress)」に喩えられることがある。「近代」の象徴であるはずのアメリカに増殖し続ける「新しい中世」。それは自由を担保するものだろうか。それとも自由の喪失、いや、自由からの逃走を意味するものだろうか。私には「自由社会の盟主」を自負するアメリカ社会全体への警鐘のように思えてならない。そして、それはまた、「多から一を成す(E Pluribus Unum)」というアメリカの理念に対する試練のようにも思える。

都市社会学者マイク・デイヴィス（カリフォルニア大学リバーサイド校教授）は一九九〇年に著した『要塞都市LA』（村山敏勝・日比野啓訳、青土社、二〇〇一年）のなかで、こう述べている。

「ヨーロッパでは壁が次々と倒れていく時代にあって、ロサンゼルスのあちらこちらで壁が作られているのだ」

最近では、ゲートの中に更なるゲートを設けてセキュリティを二重にしているコミュニティも増えている。

2　メガチャーチ

ショッピング・モールのような教会

危険（暴力、犯罪、ドラッグ、性的誘惑、テロなど）に満ちた外部の「ディストピア」から閉ざされた空間や関係性のなかで「セキュリティ（安全、安心）」を希求している点は、メガチャーチと称される、信者数二〇〇〇人以上を抱えるキリスト教保守派の巨大教会も同じだ。一九七〇年には全米でわずか一〇だったその数は、一九九〇年には二五〇となり、二〇〇八年には一三〇〇を超している。

メガチャーチで興味深いのは、その大きさもさることながら、「セル(cell)」と呼ばれる小グループで日々の活動が行われている点である。聖書研究はもちろん、結婚相談や育児相談、老後設計、薬物克服、ストレス・健康管理、スポーツ、レジャー、ボランティア活動、キャリア・カウンセリングに至るまで、信者の目的やニーズに応じた多くのセルがあり、きめ細かい対応がなされている。巨大さゆえの匿名性のなかに埋没してしまいかねない個々の信者に対して、セルという小さなコミュニティを提供している点が、従来の大規模な集会や礼拝とは大きく異なる。

最近では、そうしたセルの集合体であるメガチャーチそのものがスモールタウン化し、学校、病院、銀行、託児所、住居、美容院、ホテル、レストラン、映画館、図書館、フットボール場、スケートリンクなどを備えたところも出現している。信者から一定の寄付収入が見込めることもあり、二〇〇八年のリーマン・ショックの後、むしろ積極的に不動産購入を推し進めている教会も少なくない。開発業者にとっても、教会との契約は税制優遇が受けられるので魅力的だ。

メガチャーチの急成長を支えているのは、入念なマーケティングの手法である。個別訪問を繰り返し、周辺住民の関心やニーズを把握し、ターゲットを絞り込み、アウトリーチ(普及活動)戦略を策定する。「教会は堅苦しい」「お金をせがまれる」「説教など役に立たない」といった理由で教会から遠ざかっていた人びとに対し、こうした巧みな手法を通して、「ユーザーフレンドリー」な空間を創出することに成功している。
　私は、以前、アリゾナ州フェニックス郊外にあるメガチャーチ、レイディアント教会(Radiant Church)を訪れたことがある。敷地全体の面積は東京ドームの約二・五倍で、二〇〇五年春に新築された教会は五〇〇〇平方メートルの広さを誇る四階建て。その界隈では最も高い建物だ。信者は五〇〇〇人を超え、四〇人の常勤スタッフ、六五人の非常勤スタッフ、三八〇人のボランティアを擁している。毎週の予算は八万ドル、うち三分の二が信者からの寄付だ。二〇〇五年にはアウトリーチ・マガジン誌によって「アメリカで最も急成長している教会」の一八位に選ばれている。

(上) レイディアント教会の外観
(下) 同教会の歌あり，映像あり，踊りありの集会(いずれも著者撮影)

　しかし、その巨大さと厳格な聖書理解(たとえば、人間をはじめ万物は神によってこの世の初めに創造されたと信じるなど)とは裏腹に、雰囲気そのものは驚くほどカジュアルだった。礼拝は若者信者によるクリスチャン・ロックのライブ演奏とともに始まり、アロハシャツとジーンズを身に纏った牧師がバンドに交じってタンバリンを叩く(大きなメガチャーチになると、音楽スタジオ、レコードレーベル、グラフィックスタジオ、ラジオスタジオ、テレビクルー、ケーブル放送などを有していることも珍しくない)。教会にはステンドグラスや十字架がまるで見当たらない一方、ファーストフードのドライブスルーやフィットネスルームが完備されている。児童ルームにはXbox(家庭用ゲーム機の一種)が一〇台以上ある。スターバックスコーヒーやクリスピー・クリーム・ドーナツを売るお洒落なカフェまで目にすると、まるでショッピング・モールにでもいるような気になる。いや、事実、牧師自ら「ショッピング・モールみたいな教会にしたいのさ」と述べていたほどだ。

マーケティングの手法が聖なる信仰の世界にも浸透するなか、宗教組織の信者(会員)開拓や運営管理を専門とするコンサルティング会社間の競争も激化している。メガチャーチのスタッフにはビジネススクールの卒業生も珍しくなく、ハーバード大学のビジネススクールでもメガチャーチがケーススタディとして取り上げられている。コスト・ベネフィットが重んじられる時代にあっては、教会とて企業家精神が求められているというわけだ。

礼拝のなかでも、株投資の要諦を聖書に拠って説くことや、神への信仰を「イエスとのネットワーキング」などと表現することがある。オバマの大統領就任式で祈禱を担当した、ロサンゼルス郊外にある全米屈指のメガチャーチ、サドルバック教会(信者数一万九〇〇〇人)のリック・ウォレン牧師によると、信者の関心とニーズを重視する彼の布教手法は「インテルのオペレーション・チップのようなもの」で、あらゆる教会に適用可能とのことだ。そして、現に、その手法は一六〇カ国の一〇万以上の教会で導入されているという。

こうしたメガチャーチの運営手法については、主流派教会──一九八〇年代以降に急伸した保守派ではなく、かつて主流だった穏健派・リベラル派の教会の総称──などから「イエスは資本主義者だったか」という批判も多い。派手になる一方の教会を嫌い、イエスの教えの原点に戻るべく、自宅をそのまま教会にした「ハウス・チャーチ」に集う熱心な信者も近年急増している。

しかし、アメリカでは、一九六〇年からの四〇年間に、主流派教会の信者数や礼拝出席率は三分の二になり、一四〇人以上の礼拝参加者がある主流派教会は、今日では、全体の四分の一にすぎない。人びとを教会へと向かわせ、何はともあれ、イエスの教えに心を開かせたメガチャーチの功績を擁護する声は強い。また、社会階層と教派が密接に結びつくなど、排他性が強い主流派教会に比べれば、より開かれており、「神の下の平等」を体現しているという指摘もある。

第一章で紹介したように、二〇〇五年にハリケーン「カトリーナ」がアメリカ南東部を襲った際、たとえば、テキサス州ヒューストンにある全米最大のメガチャーチ、レイクウッド教会(信者数四万四〇〇〇人)は、すぐにボランティアを組織し、同市内に設けられた避難所に派遣した。従来の主流派教会が募金の寄付などに終始しがちなのに対し、メガチャーチは積極的にフットワークの軽さや機動力を発揮する。そして、被災地で汗水たらしながら救援活動する姿をPRすることで、潜在的信者のハートとマインドをさらに勝ち得てゆくというわけだ。

逆説的なコミュニティ

アメリカでは一九七〇年代あたりからすでに、失業や貧困、犯罪といった問題への行政の取り組みに対して落胆の念が広がっていた。そして一九八〇年代以降、「小さな政府」が時代の潮流となるなか、メガチャーチに象徴される保守派教会は、福祉国家のミニチュア版とでもいうべき代替機能を担っていった。

「近代」の象徴であるはずのアメリカで保守派教会の存在感が増している点――「再魔術化(re-enchantment)」と称されることもある――については、しばしば以下の三つの説明がなされている。

① 資本と情報のグローバル(=スーパーモダン)な流れに対する反発として、宗教に原初的

な価値を見出そうとする世界的傾向の現出。

② 一九六〇年代の公民権運動や対抗文化運動への反動。

③ 社会的に保守的な価値を有するヒスパニック系やアジア系移民の大量流入。

しかし、四番目の説明として、新自由主義との相互補完的な関係についても勘案する必要があるだろう。かつて社会人類学者アラン・マクファーレン(ケンブリッジ大学教授)は『資本主義の文化』(常行敏夫・堀江洋文訳、岩波書店、一九九二年)のなかで、「もしも愛が資本主義なしに存在し得たとして、はたして愛なしで資本主義が存在し得たか、あるいは、存在し続けることができたのかは疑問である」(英文原著より筆者訳)と述べたことがある。同じことは新自由主義と保守派教会との関係についても当てはまりそうだ。

興味深いことに、ゲーテッド・コミュニティもメガチャーチも、エキサーブ(準郊外)——郊外のさらに外部に拓いた住宅建設のフロンティア——において成長が著しい。二〇〇四年の大統領選挙では、急成長を遂げている一〇〇の郡のうち九七がブッシュ大統領に投票したが、それらのほぼすべてがエキサーブに位置していた。それはまた、車高が高く頑強なSUV車(=RV車、起源は軍事ジープ)を運転して子どもをサッカーの練習場に連れて行くような「サッカー・ママ」や、同時多発テロを契機に家族の安全を最優先するようになった「セキュリティ・ママ」など、近年の大統領選挙の鍵を握った若い中流家族が多く暮らす地域でもある。

そして、ゲーテッド・コミュニティが「新しい中世」の到来を想起させるとすれば、メガチャーチもまた然りである。どちらも新自由主義の過剰によってもたらされた公共性の貧困を補うかのように作られたセキュリティ空間であると同時に、まさにその生成・拡張そのものを新自由主義の論理と力学に負う、極めて逆説的なコミュニティでもある。

3　第三世界化するアメリカ

「持たざる者」

こうした論理と力学を前に、なす術を持たないのが貧困層であることは多言を要しない。一九九〇年代半ば、私はボストン南部のインナーシティ(低所得世帯が密集する都市内地区)で三年間に及ぶフィールドワークを行った。『グッド・ウィル・ハンティング／旅立ち』(一九九七年)、『ミスティック・リバー』(二〇〇三年)、『ディパーテッド』(二〇〇六年)といったハリウッド映画のなかで、常に「貧困と犯罪が渦巻く白人スラム」として描かれてきた全国的にも有名な地区である。私のフィールドワーク中もUSニュース&ワールド・リポート誌が「ホワイト・アンダークラス(白人最下層)」と題した特集記事のなかで「アメリカの白人最下層の都」と称していた。

当時、この人口三万人の地区で一〇代の若者の自殺、自殺未遂、ドラッグの過剰摂取が相次いだことがあった。男子を中心に、一年間に一〇人が首吊り自殺をし、かつ自殺未遂が二〇〇件近く発生した。「首吊り」という手法が——特に一〇代の手法としては——珍しいことに着目した同地区出身の著述家マイケル・パトリック・マクドナルドは、インターナショナル・ヘラルド・トリビューン紙の取材に対し、こうコメントした。「首吊り自殺なんて誰がしますか? 刑務所に入っている者のすることですよ」。「刑務所」とは、絶望のなかで囚われの身となり、貧困のなかで隔絶されているという意味に他ならない。私のインフォーマント(調査対象者)も関係していたこともあり、現代アメリカにおける「持たざる者」の疎外感やニヒリズムの深刻さを象徴するケースとして、今でも私の心に深く刻み込まれている。私にとってのアメリカ社会の原風景の一つといっても過言ではない。

1990年代半ばのボストン南部のインナーシティ. 割れた窓がベニヤ板で覆われている(著者撮影)

政治不信による投票率の低さ(そして、その結果としての政治家からの軽視)、社会的な上昇移動を妨げようとするジェンダーや階層のイデオロギーの呪縛、ロール・モデル(行動の規範となる存在)の欠如、教会の道徳的権威の衰退、ドラッグの蔓延など、貧困から脱出が困難な理由は多岐にわたり、根深いところで相互に結びついている。

ピュリッツァー賞受賞の実力派ジャーナリスト、デイヴィッド・シプラーはベストセラー『ワーキング・プア』(森岡孝二・川人博・肥田美佐子訳、岩波書店、二〇〇七年)のなかで、こうした負の連鎖性を克明に描き出している。

荒廃したアパートは子どもの喘息を悪化させ、救急車を呼ぶことにつながり、それによって支払えない医療費が発生し、カード破産を招き、自動車ローンの利息を引き上げてしまう。そうして故障しやすい中古車を購入せざるをえなくなり、母親の職場の時間厳守を危うくし、その結果、彼女の昇進と稼得能力を制約し、粗末な住宅から出られなくなる。

飢えと肥満

アメリカはもともと格差社会だったが、ニューディール時代には所得・資産の両面で概ね格差縮小に向かい、一九五〇年代にはかなり平等な社会が達成されていた(中流層が大衆消費を楽しむ豊かなアメリカ社会のイメージはこの時代の産物である)。しかし、自由貿易・規制緩和・民営化が加速した一九七〇年代半ば以降、それまでの傾向が反転する。労使関係が崩壊し、雇用形態が不安定化したのに加え、レーガン政権やブッシュ政権によって税制の累進性が減じられ、困窮世帯への公的扶助への支出が削減され続けた。中流層が減少する一方、一九九〇年代の情報革命による金融取引のグローバル化やブッシュ政権の富裕層向け減税によって、ほんの一握りの富裕層への富の集中が顕著になった。

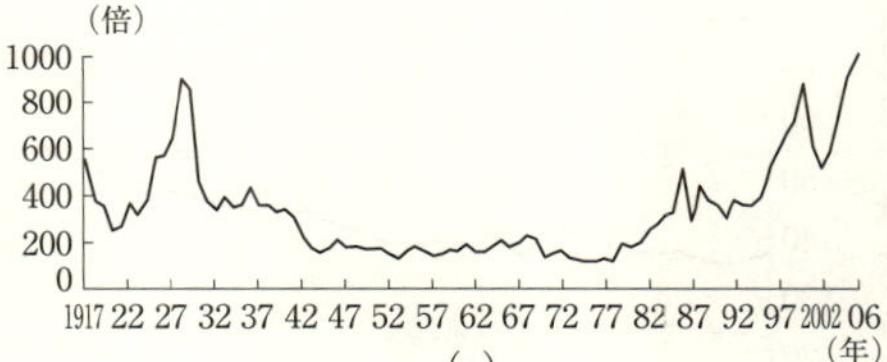

(a)

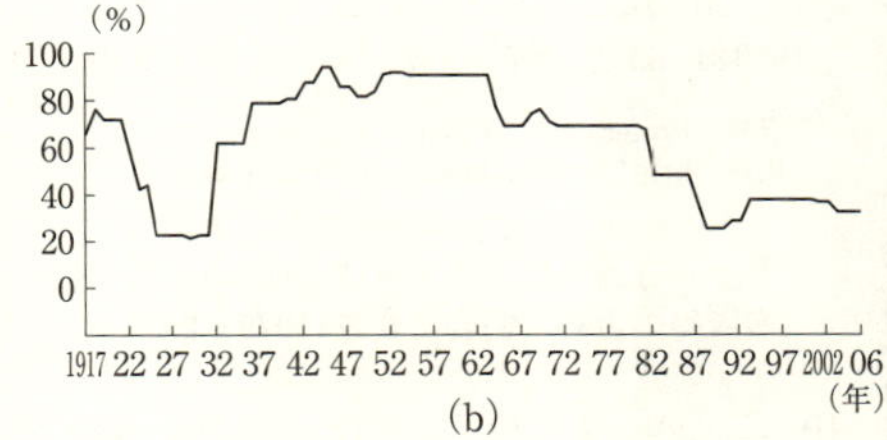

(b)

出典：http://live.thenation.com/special/images/extreme_inequalitychart.jpg

(a) アメリカの上位0.01%と下位90%の家族の所得格差(倍数)の変遷(1917～2006年)
(b) 最高位の所得者への課税率(1917～2006年)

ピュー・リサーチセンターの調査(二〇〇八年)によると、一九六九～二〇〇六年に全米世帯の平均所得は約四〇%伸びたが、富裕層は約五〇%増加している。資産ではさらに差が開き、中流層で約三〇%増なのに対し、富裕層は一二三%の伸びを記録した。アメリカ国民の上位三〇〇万人の合計所得は下位一億五〇〇〇万人とほぼ同じだ。

国勢調査局の報告書(二〇一〇

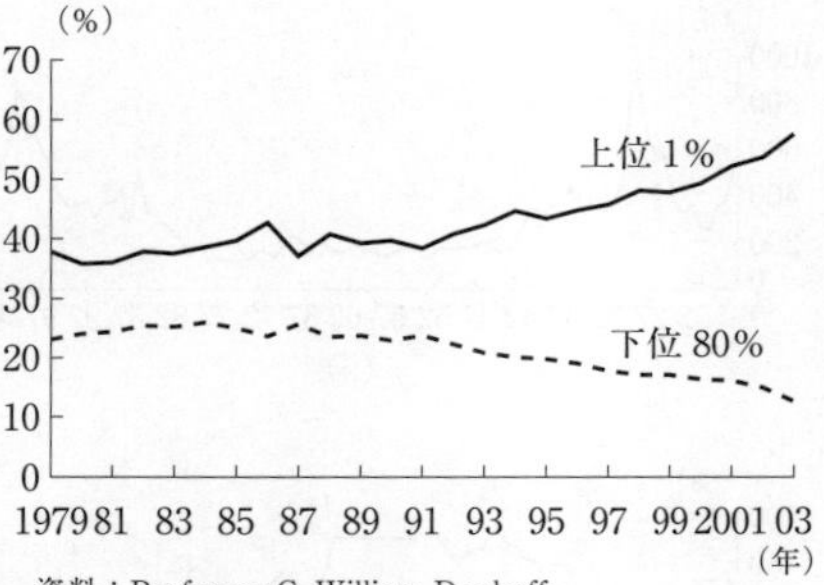

資料：Professor G. William Donhoff
出典：http://static. businessinsider. com/

資産所得格差
アメリカの上位 1% と下位 80% の家族の資産所得の占める割合の変遷（1979〜2003 年）

年）によると、二〇〇九年のアメリカ人の世帯別所得の中央値は四万九七七七ドル、貧困率は一四・三%、健康保険を持っていない人の割合は一六・七%だった。一九六四年にリンドン・ジョンソン大統領によって生活困窮者の食料購入を補助するための「フードスタンプ」が制度化されたが、二〇一〇年には同制度の受給者が最高記録を更新、四一〇〇万人に達している（六月現在）。つまり、八人に一人は空腹と闘うほどの貧困状態にあるということだ。

こうした社会的上昇から取り残された人びとの窮状と密接に結びつけて論じられるのが、いわゆる肥満問題である。肥満はアメリカ社会全体の問題であり、その原因は多岐にわたるが、大量生産されたものを安く買ったり、出来合のファーストフードやインスタント食品で済ませたりすることで、低所得者層や貧困地域で肥満傾向が見られることが指摘されている。

たとえば、ロサンゼルス市保健当局などの調査によると、低所得者が集中する南ロサンゼルス地区では成人住民の肥満率は三〇%。市街地の一九%、高所得者が多いウェストサイド地区の一四％をはるかに上回っている。南ロサンゼルス地区の飲食店のうちファーストフード店は七三％にのぼる一方、ウェストサイド地区では四二％にとどまっている。市議会は二〇〇八年に南ロサンゼルス地区へのファーストフード店の新規出店を一年間禁止する条例案を全会一致で可決している。

また、バンダービルト大学の報告書（二〇〇七年）によると、たとえば、ワシントンＤＣの場合、白人の肥満率は八％だったのに対し、貧困層が多い黒人では三一％だった。同じく、アメリカ全体としては、貧困率の高い南部ほど肥満率も高く、たとえば、ルイジアナ州セントメリー郡では白人の三人に一人が、ノースカロライナ州ハリファックス郡では黒人の二人に一人が該当する。

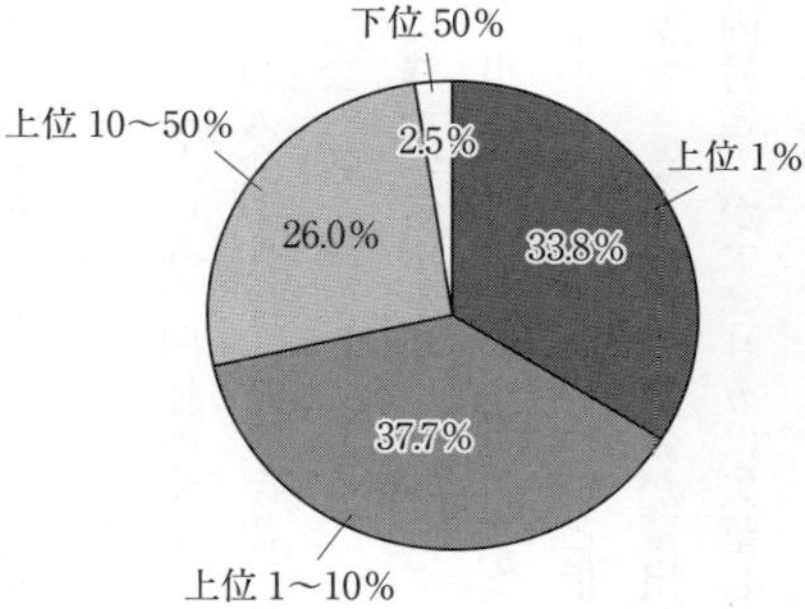

資料：Institute for Policy Studies
出典：http://static.businessinsider.com/

アメリカの資産格差分布（2007 年）

グラミン・アメリカ

その一方、アメリカでは近年、富裕層専門の会員制サービス業が急成長している。たとえば、サンフランシスコに本拠を置くインスティチュート・フォー・プライベート・インベスターズ（ＩＰＩ）は、莫大な資産を持つ個人投資家向けへの情報提供やネットワークづくりを支援している。会員の八〇％は運用可能な資産を五〇〇〇万ドル以上有しているという。同様のサービスを提供するニューヨークのラグジュアリー・インスティチュートの入会条件は、総資産額三〇〇〇万ドル以上にもかかわらず、リーマン・ショック後も安定した会員数を確保している。

経済学者ポール・クルーグマン（プリンストン大学教授）は『格差はつくられた』（三上義一訳、早川書房、二〇〇八年）のなかで、ブッシュ政権下のアメリカが南北戦争後の「金ぴか時代」の格差レベルに立ち戻ったと指摘する。鉄鋼王アンドリュー・カーネギーや石油王ジョン・ロックフェラーなどの富豪が輩出される一方、マーク・トウェインが社会の腐敗や不正を糾弾し、内村鑑三がアメリカに失望し日本に帰国した時代だ。それはまた、大恐慌前夜のバブルの時代でもあった。

一九七〇年代後半から八〇年代後半にかけて、全米の飢餓問題を、医学的観点のみならず、政治・経済・社会・文化・福祉的観点からも分析したハーバード大学医師団による報告書『現代アメリカの飢餓』（Ｊ・ラリーブラウン、Ｈ・Ｆ・パイザー、青木克憲訳、南雲堂、一九九〇年）のなかで、全米社会医師会会長ビクター・サイデルは次のように述べている。「アメリカの飢えた人びとに食物を無料給付しようと、インドのカルカッタからはるばるやって来た伝道修道女が管理する無料給食所（スープ・キッチン）がシカゴにあるという話を、私たちは信じられない思いで読む」

それから約二〇年後の二〇〇八年、マイクロクレジット（少額無担保融資）を用いた貧困救済で有名なバングラデシュのグラミン銀行は、南アジアや中南米からの移民労働者が多く暮らすニューヨーク市クイーンズ区ジャクソンハイツに全米初の支店を開店し、二〇一〇年には二五〇〇人に対して五〇〇〇万ドルの融資を始めた。同銀行は、その後、同市のブルックリン区やマンハッタン区、ネブラスカ州オマハなどへと展開している。「新しい中世」のアメリカはまた第三世界化するアメリカなのだろうか。

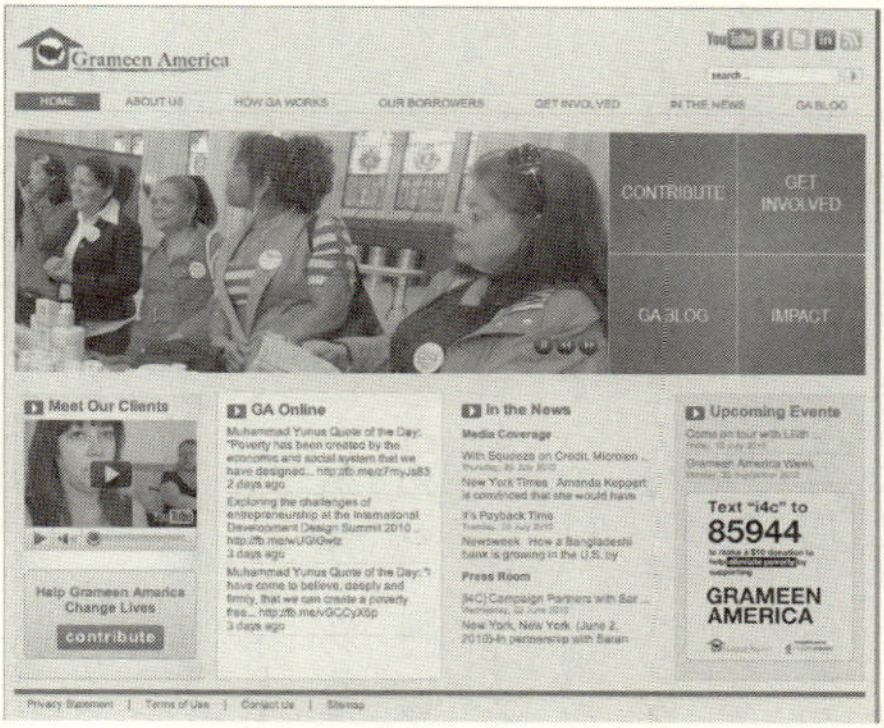

グラミン・アメリカのHPより

二者択一論を超えて

ただし、急いで付け加えなければならないのは、先述したように、貧困からの脱出が困難な理由は多様で、相互に結びついていることが多いため、単に経済的次元、すなわち新自由主義のみに起因するものではないという点である。

社会学者スディール・ヴェンカテッシュ(コロンビア大学教授)の『アメリカの地下経済』(桃井緑美子訳、日経BP社、二〇〇九年)は、シカゴ南部にある全米有数の貧困地域——若き日のオバマがエンパワーメントに従事した地域でもある——を活写し、権威ある社会学のC・ライト・ミルズ賞に輝いた力作である。著者は、住民の多くが黒人で、無職の貧困者やワーキング・プアが大部分を占める一画に身を置きながら、一九九五年から八年間にわたり調査を続け、彼らの日常を「内側から」理解することに尽力した。

その著者が照射するのは、地域をすっぽり覆う、目に見えない、緻密で複雑な地下経済のネットワークだ。そこでは、ギャングや売春婦はもちろん、聖職者から警察官までもが暗躍・共存している。「商店の外に寝ているホームレスはみじめな暮らしをしているが、彼らも安上がりな夜警としてこっそり店主に雇われているのかもしれない」という著者の鋭敏な視線は、非合法の世界=裏社会の不文律へと肉迫してゆく。それは、諸々の行政の施策が——たとえ正義感や善意に発するものだとしても——ただの対症療法にしか解せなくなるような、圧倒的な現実でもある。

貧困をめぐる問題は往々にして「当事者の自己責任」か、それとも「社会制度(政治や市場)の失敗」か、という紋切り型の二者択一論に回収されがちだが、著者が活写する、重く、複雑で、グレーな現実群は、そんなわれわれ自身の思考の貧困さに自戒を迫ってくる。

その点は、先述の『ワーキング・プア』も同じだ。著者シプラーは、ソ連に象徴されるマルクス主義の失敗を認める一方、アメリカの政治家が貧困の問題を無視し続けるとき、「アメリカ主義もまた失敗するのではないだろうか」と危惧する。しかし、彼はリベラル派と保守派のいずれにも肩入れすることはしない。家族の機能不全や個人の責任を軽視するリベラル派も、政治的・制度的関与の必要性を軽視する保守派もともに偏向しているとし、むしろ二者択一論の「袋小路を抜け出し、現実主義的な、イデオロギーにとらわれない議論に立ち向かうことを切望」する市民の声に希望を託している。

奇跡の再生

そして、その希望は実在する。

たとえば、私がフィールドワークを行ったボストン南部のインナーシティに隣接するダドリー地区は、一九七〇年代にはまさに絶望のスラムだった。空き地はトラックが不法廃棄する毎日六〇〇トンのゴミで溢れかえっていた。異臭のあまり吐き出してしまう子どもや、ネズミの異常繁殖などによる衛生状態の悪化から病気になる住民も出るほどだった。警察もパトロールをほとんどしないため、ドラッグの取引も公然と行われた。挙句の果てには、マサチューセッツ州全体で最も貧しい地区の一つとなり、不動産価値も底を打つなか、放火による保険金受領が最も確実な投資回収の手段となる有り様だった。

しかし、一九八四年、地域を救うべく住民は団結し、住民主導の非営利組織ダドリー・ストリート・ネイバーフッド・イニシアチブ（DSNI）の立ち上げに着手した。地元組織、行政、ビジネスなどのステークホルダーを巻き込みながら、雇用、住宅、サービス、学校、防犯などの課題に取り組み、見事、奇跡の再生を果たした。

ダドリー地区にある壁画（著者撮影）

今日、その地区を歩き回ると巨大な壁画に出くわす。そこには、勤勉で献身的、家族やコミュニティを大切にする地元の老若男女の姿が描かれている。地元の若者たちの労作だ。驚くべきことに、この壁画には今まで一度もいたずら書きがされたことがないという。貧困と犯罪の温床と化しているインナーシティは全米で二〇〇地区以上あるが、この地区には全米のみならず、海外からも視察者が絶えない。

そのダドリー地区の人口は二万四〇〇〇人。うち黒人が三七%、ラテン系（ヒスパニック系）

が二九％、カポ・ヴェルデ人が二五％、白人が七％と、民族的に多様な地区でもある。自宅で英語以外の言語を話す人口は四〇％。ボストン全体の平均よりも一〇％ほど高い。

ちなみに、カポ・ヴェルデ人とは西アフリカのセネガル西方海上の諸島出身の住民を指す。ニューイングランド地方との関係は長く、一八世紀後半、大西洋を航海していた捕鯨隊が、食料補給のための中継点として寄港した際、旱魃と飢饉で仕事を欲していたカポ・ヴェルデ人を連れてきたのがその起源とされる。

DSNIの成功の鍵の一つは、三四ある理事枠のうち半数以上(一二人)が地元住民に割り当てられている点と、人口比ではなく、主要民族集団ごとにその住民理事枠を均等配分している点にあるとされる。印刷物も英語、スペイン語、カポ・ヴェルデ・クレオール語の三言語で記され、大切な会議には同時通訳もつけている。これは少数派を排除しないための工夫であると同時に、「住民主導」への並々ならぬ意志を示すものでもある。

4　カラーラインの政治学

「克服」か、「回避」か

まさにこうした協調こそが、オバマの掲げる「一つのアメリカ」の精神を体現したものといえそうだが、アメリカ社会全体の人種の境界線、すなわちカラーラインを取り巻く状況は依然として厳しい。

二〇〇八年の大統領選挙はそのことを如実に示すものだった。

もちろん、オバマが勝利したことは事実である。しかし、オバマが黒人であることを前面に出さない選挙戦略を採ったこともまた事実だ。ブラック・パワー運動を引きずった旧世代の黒人政治家と同一視されては白人や他のマイノリティの票が取れないとの判断だろうが、そのこと自体がかえって「黒人」というカラーラインの重さを感じさせる。オバマは「黒人や白人、ラテン系、アジア系のアメリカ」ではなく「一つのアメリカ」を繰り返し唱えたが、やや皮肉な見方をすれば、「黒人」という属性を背負ったまま中央政界進出を狙うのであれば、有権者の警戒心を解くためにも「一つのアメリカ」というメッセージを、殊の外、強調せざるを得なかったとも解釈できる。

さらに、オバマは白人やヒスパニック系の労働者の間で集票力が乏しかった。経済的に不遇だったオバマの立身出世は「アメリカン・ドリーム」の体現として、もっと彼らの共感を勝ち得ても不思議ではなかった。しかし、必ずしもそうならなかった社会的要因として、彼らが往往にして黒人と労働市場において競合関係、居住空間において緊張関係にあることが挙げられよう。彼らにとって、オバマが説く「国民の融和」や「希望の政治」を額面通りに受け止めるのは決して容易ではない。

ついでに付け加えれば、それではヒラリー・クリントンの予備選での敗退は「女性大統領」の誕生がまだ早すぎることを意味したのだろうか。私は彼女が「女性」であるがゆえに敗れたとは思わない。むしろ、女性が大統領になることの革新性を十分に説かなかったことで、「変革」をオバマのものとし、自らを中央政界における「既存勢力」に貶めてしまった印象を受ける(その意味で、オバマ相手に「経験」を強調したのは誤算だった)。おそらく男性の警戒心を煽りたくないとの判断だったろう。しかし、警戒心を警戒しなければならない辺りに、オバマにとっての「黒人」同様、「女性」というジェンダーの壁の厚さを感じる。根強い「ヒラリー嫌い」の背景には、彼女が野心的・攻撃的・打算的すぎるというイメージがあったようだ。しかし、同じような資質を有する男性政治家は決して少なくない。それがなぜ「彼女」だと問題視されるのだろうか。この辺りにはジェンダーの壁が透けて見える。

結局、民主党内の予備選においてでさえ、人種やジェンダーが直接の争点になることはなかった。そこには歓迎すべき面もある。しかし、沈黙が多くを物語ることもある。もしかすると、人種やジェンダーは「克服」されたというよりも、単に「回避」されただけかもしれない。

分断されるカラーライン

本来、新自由主義の論理と力学に晒されたマイノリティにとって、労働組合は大きな防波堤となるはずだが、アメリカでは必ずしもそうはなり得ていない。労組を主導した熟練工たちは賃金や労働条件の改善を要求する一方、いったん獲得した成果を断固として保守する傾向も強く、賃金や労働条件の切り下げをもたらす新移民とは軋轢が絶えなかった。新移民は出身国もまちまちで組織化されにくく、労組からの圧力や排斥の前になす術を持たない。労働運動においてマイノリティが連帯することはほとんどなかった。それどころか、黒人、ヒスパニック系、アジア系など人種間の緊張や対立が先鋭化し、むしろ分断される傾向にさえあった。

加えて、熟練工たちは中流層へと社会的に上昇移動するにつれ労組から遠のき、日常生活に必要な食料品以外の物資が大量に海外から流入するようになると、従業員が多く労組が強かった製造業は急激に国外流出していった。今日、アメリカではサービス部門が国内経済の七割を占め、製造部門は一割強にすぎない。

その結果、残存する在来型工業（非先端産業）の労働者と、運輸・土木・清掃などの肉体労働に従事する者の多くが新移民や不法移民になった（破格の低賃金で雇える不法移民は、今日、アメリカ全体の就労人口の五％を占めるとされる）。一九五〇年代に二五％を超えていた労組の組織率は、二〇〇六年には一二％まで下がっている。その象徴が全米自動車労働組合（ＵＡ

W)で、一九七〇年代末に一五〇万人いた組合員は、二〇〇七年には五〇万人を割り込んでいる。

カラーラインは中央政界においても顕著だ。連邦議会(第一一一議会、二〇〇九年一月三日~二〇一一年一月三日)の下院では、白人が七六%、ユダヤ系が七%、黒人が九%、ヒスパニック系が六%、アジア系が一%、ネイティブ・アメリカンが〇・二%となっており、上院では白人が八〇%、ユダヤ系が一四%、黒人が一%、ヒスパニック系が二%、アジア系が二%、ネイティブ・アメリカンが〇%となっている。人口比率(二〇〇五年時点)では、白人が七五%、ユダヤ系が二%、黒人が一二・一%、ヒスパニック系が一四・五%、アジア系が四・三%、ネイティブ・アメリカンが〇・八%であることを考慮すると、その非対称性が際立つ。ちなみに女性の占める割合は下院と上院どちらも一八%となっている。連邦裁判所の人事についても、ブッシュ政権下で任命された判事の三分の二は白人男性だった(二〇一〇年七月現在、オバマ政権下で任命された七三人の判事については、女性が半数、黒人が二五%、ヒスパニック系とアジア系が一〇%となっており、白人男性は全体の三分の一程度)。

こうした政治的・経済的表象におけるカラーラインの歪みはさまざまな形で表出している。たとえば、有害廃棄物の処理場がある地域の住民構成をみると、マイノリティや貧困層の比率が高い。米環境保護庁(EPA)の統計(二〇〇五年)によると、産業による環境汚染で健康を害する可能性が高い地域に黒人が暮らす確率は、白人に比べて七九％も高い。

もちろん、マイノリティといっても一括りに語ることはできない。たとえば、黒人の全世帯に占める中流層の割合は、一九六〇年代後半以降、二七％から三七％へと増大し、貧困世帯の割合は七〇％から四六％へと減少している。年収一〇万ドル以上の黒人の富裕世帯は三％から一七％にまで増加している。雇用や昇進、入学試験などにおいてマイノリティを積極的に優遇し、社会的差別の撤廃を図ろうとするアファーマティブ・アクション（積極的差別是正措置）の見直しを求める気運が、リベラル派の間でさえ高まっている理由の一つはここにある。オバマ自身も「私の娘二人が大学へ入るときはアファーマティブ・アクションの世話にはならない。そのような恩恵はもっと経済的に恵まれない人々に与えるべきだ」と明言している。

しかし、そのオバマ一家が暮らすホワイトハウスから南東に車で一〇分も走ると景観は様変わりし、差別と貧困と犯罪の連鎖に囚われた黒人コミュニティの過酷な現実が現存することも忘れてはならない。首都ワシントンＤＣは全米有数の犯罪都市だが、殺人事件の三分の一はその界隈で発生している。

こうした社会的な上昇移動から取り残された人びとのなかには、より根源的な救済を求めて、イスラム教へ改宗する者も珍しくない。イスラム系アメリカ人の数は六〇〇万人ともいわれ、大都市を中心に増加の一途にあり、数年内にはユダヤ系アメリカ人を凌ぐことが確実視されている。うち黒人の改宗者が四分の一を占めるが、近年はヒスパニック系の改宗者も急増している。その背景には、アメリカ社会の底辺や周縁に生きる人びとの深い絶望感があるとされている。

絶望のコミュニティ

そして、おそらく社会への絶望感を負のエネルギーへと変換することで唯一連帯し得ているのが、いわゆるストリート・ギャングだろう。もっとも、連帯といっても、そこでもやはりカラーラインは厳然と存在し、互いの「縄張り」を――たとえストリート一本でも――越えることが命取りになり得ることは、決してフィクションの世界だけの話ではない。アメリカの大都市周辺でフィールドワークを行う場合、まず見極めなければならないのが、こうした見えない境界線の有無である。

あまたあるギャング組織のなかで、現在、最も勢力を拡大しているのはヒスパニック系のMS-13(マラ・サルバトルチャ=「エルサルバドル人の軍隊蟻」の意、数字の13は「南カリフォルニア」を示すギャング組織の番号)とされている。一九八〇年代にエルサルバドル内戦から逃れ、ロサンゼルスに渡った孤児や難民を中心に組織化が進み、二〇〇五年の時点で全米三三州に一万人の構成員が存在している。さらにエルサルバドルを中心に、カナダ、メキシコ、グアテマラ、コロンビア、スペイン、オーストラリア、イギリス、ドイツなどでも存在が確認されており、その総数は全世界で一〇万人に達するといわれる。

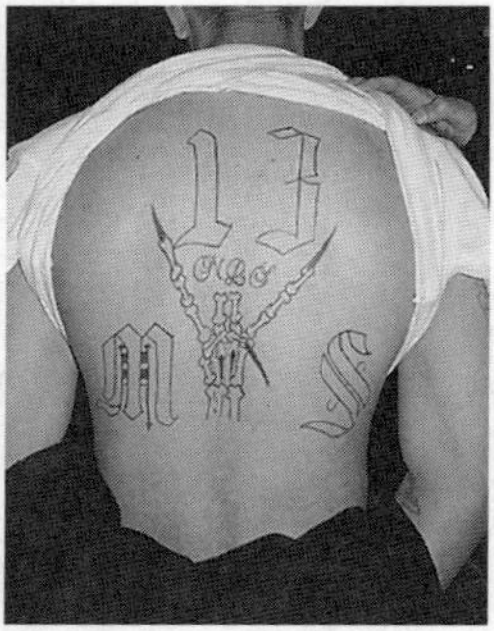

MS-13のメンバーであることを示す入れ墨(FBIのHPより)

入会儀式で男性は他のメンバーから一三秒間無抵抗のまま暴行を受け、女性はメンバーにレイプされることが慣例となっている。九歳でギャングに入り、わずか一一歳で人を殺めた者もいる。メンバー歴四年の一七歳の女の子が内部事情をテレビ局に暴露したところ、数カ月後、友人であるメンバーに刺殺されてしまったこともある。「監獄、病院、墓場」を意味する三つのマークの入れ墨を彫った手でさまざまなハンドサインを交わしながら、彼らはドラッグ密輸売買、闇市場での銃取引、窃盗および治安当局職員への暴行を繰り広げている。エルサルバドル内戦に資金や武器を供給していたのがレーガン政権下のアメリカであることを想起すると、何とも皮肉な話である。

当然のことながら、ギャングはマイノリティのものだけではなく、白人メンバーのみで構成された組織も数多く存在する。また、ギャングではなくとも、ナチスの制服を着たスキンヘッドや白い長衣をシンボルとする白人至上主義団体は、景気低迷と初の黒人大統領の就任によって勢いづいている。

たとえば、白人至上主義を唱える秘密結社クー・クラックス・クラン（KKK）の元リーダー、ドン・ブラックが立ち上げたウェブサイト「ストームフロント（Stormfront）」によると、二〇〇八年の大統領選でのオバマの勝利から二四時間以内に二八〇〇人の新規会員登録があり、二〇〇九年の時点で会員数は一五万人に達しているという。かつてのようにマイノリティを直接糾弾するのでなく、「白人の尊厳と文化の死守」を名目に掲げているのが今日的特徴でもある。興味深いことに、同サイトには恋人探しから園芸まで五〇以上のフォーラム（掲示板）が設けられている。

人種保護団体の南部貧困法律センター（SPLC）が発表した報告書（二〇〇九年）によると、二〇〇八年の人種差別団体数は九二六。二〇〇七年比で四％増、二〇〇〇年比だと五四％増となっている。こうした団体は、ときに武装民兵組織（ミリシア）と密接な関係を有するとともに、「愛国者運動（patriot movement）」と称される反政府運動――すなわち、アメリカが連邦政府によって乗っ取られているとする抗議運動――の一翼を担っている。たとえ組織として法を犯さなくとも、一九九五年にオクラホマシティ連邦政府ビルを爆破したティモシー・マクベイのような「一匹狼」がいつ暴発しないとも限らない。

このように危険に満ちたディストピアからのセキュリティを欲する者を吸引し、拡張を続けているのがゲーテッド・コミュニティでありメガチャーチだった。因果関係を相互に循環させながら、「より完全な連邦(a more perfect Union)」を憲法前文に謳うアメリカにおいて、両者の断絶はますますその度合を深めている。これは共和党か民主党か、あるいは保守かリベラルかという「二つのアメリカ」を超える、より根源的な次元における断絶でもある。そして、新自由主義の論理と力学がその逆説を助長している。

5　恐怖の文化

獄産複合体

ゲートで遮断されたコミュニティという点では、監獄の収監者の増大も看過できない。一九八〇年代以降、その数は急増し、現在、全米で二三〇万人を超える。これは農業人口を上回る数字であり、成人一〇〇人につき一人(日本の一〇倍以上)が服役している計算になる。社会学者アンジェラ・デイヴィス(カリフォルニア大学サンタクルズ校教授)の『監獄ビジネス』(上杉忍訳、岩波書店、二〇〇八年)によると、世界の全人口の五%に満たないアメリカ人が、収監人口では四分の一を占めているという。

収監者が急増した背景はさまざまだ。政策的な要因としては、国際基準と比べてかなり厳しいとされるアメリカの麻薬政策（とりわけレーガン政権下で本格化した「麻薬との戦い」）や、クリントン政権下で制定された「スリーストライク法（三振アウト法）」（一九九四年）に象徴される厳罰化の影響が大きい。

カラーラインはここでも顕著だ。アメリカの人口の七割は白人なのに対し、収監者の七割は非白人。しかも、人口全体の一三％にすぎない黒人が、収監者全体の半数を占めている。黒人が収監される比率は白人の七倍以上で、三人に一人が生涯に一度は収監される計算になる。二〇代の黒人男性の一〇人に一人が収監されており、大学に通っている数より収監されている数のほうが多いのが実状である。

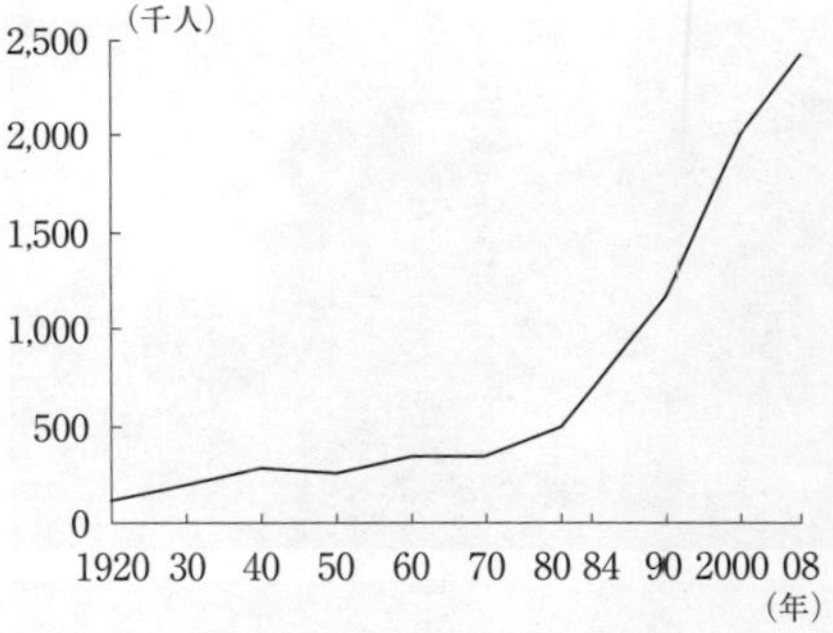

資料：Justice Policy Institute; The Punishing Decade, & U.S. Bureau of Justice Statistics
出典：www.november.org

アメリカの収監者数の変遷（1920〜2008年）

監獄内にあっても、白人系、ヒスパニック系、黒人系、アジア系のギャングに連なる収監者が、独自の符牒などを通して内部の連携を図り、ライバル勢力と抗争するケースが後を絶たない。私はかつて、全米でも最大規模を誇るテキサス州刑事司法局の本部所在地であり、「アメリカにおける死の首都」と

ハンツビルにあるウォール刑務所(著者撮影)

も称されるハンツビルを訪れたことがあるが、収監者のプレートには人種別のタグが付けられていた。人種差別を助長するのではないかと尋ねたところ、むしろ「人種で差別しないように」付けているとのことだった。

監獄は産業の空洞化に直面した地域にとって魅力的な存在だ。季節や天候に左右されることもなく、環境汚染の心配も少なく、住民の目に触れることもほとんどない。景気に左右されることも少なく、地域に安定した雇用と収入をもたらしてくれる。一九九〇年代以降、経済的に停滞した地域の多くは、土地を寄付したり、下水道を改善したり、住宅補助金を提供したり、(民営刑務所の場合は)税制を優遇したりするなどして、監獄誘致に積極的に取り組んでいる。

今日、収監者のほとんどが都市部出身であるのに対し、監獄のほとんどは農村部に位置しており(一九八〇年には全体のわずか三分の一程度だった)、収監者一〇〇人当たり約三〇人のスタッフが雇用されている。大規模な養豚場や養鶏場、カジノなどと並び、監獄は、現代アメリカにおける農村開発の主要手段の一つとなっている。収監者の分だけ居住人口が増大するため、より多くの議員が割り当てられ、連邦からの補助金も増える(逆に、都市部の貧困地区は正反対の状況に陥り、さらなる犯罪の温床と化す)。政治と経済の思惑が密接に絡み合いながら、半ば自己生成的に監獄が拡大し続けてゆく様を、「軍産複合体」ならぬ「獄産複合体」と皮肉る向きもある。

負の公共文化

監獄の運営を含め、警備・拘禁・矯正に関係するセキュリティ・サービス産業は、アメリカ国内の三大民間雇用企業(ウォルマート、マクドナルド、UPS)の総従業員数を超える雇用を創出している。民間企業が警護番、住宅地巡回、万引き犯等の拘束、セキュリティ用通路や検問所の維持、電子監査機器の見張りなどを提供する一方、警察が犯罪データベースの維持管理、空からの監視、テロや街での暴動に対する治安行動などを担当する。こうした官民のパートナーシップを支えているのはセキュリティへの際限なき欲求であり、怪しげな「他者」は完膚なきまでに排除しようとする意思である。

厳罰化の直接的な背景にはニクソン大統領が掲げた「法と秩序」の回復という社会保守のイデオロギーがあるが、それが経済保守(新自由主義)や安保保守(新保守主義)と結託しながらレーガン時代の「保守大連合」の一翼を担ったことは第一章で述べた通りである。地域における精神的つながりや行政に対する信頼の低下、監視社会化、訴訟社会化、正義の商品化、恐怖・不安・危機・陰謀を煽る言説の流布、さまざまな類いの暴力、「他者」に対する想像力の希薄化。それらは負の循環を繰り返しながら、セキュリティへの希求をより切実なものにしてゆく。それはまさに社会学者バリー・グラスナー(南カリフォルニア大学教授)のいう「恐怖の文化(culture of fear)」に他ならない。

大統領選挙や中間選挙のテレビ広告などを見ても、対立候補の当選がもたらす危機や恐怖を煽動するものが多い。それは単なるメディア戦略を超え、政治、あるいは社会全体を動かす力としての「恐怖の文化」を流用し、かつ助長するものである。オバマは選挙運動中から「恐怖ではなく希望を」と繰り返し唱えていた。しかし、「恐怖の文化」はそうした高潔かつ崇高なる精神性をはるかに超えた次元でアメリカ社会を広くかつ深く包摂し、多様なアメリカ人をつなぐ負の公共文化(パブリック・カルチャー)の一つと化している。

6　オーディット文化

新たな病の創出

現代アメリカにおけるもう一つの負の公共文化は、労働市場の不安定化やグローバル競争の激化によるストレスや不安の増大など、個人がセキュリティの欠如した状態、すなわちインセキュアな状態に追いつめられていることかもしれない。上述した一〇代の若者の自殺、自殺未遂、ドラッグの過剰摂取が相次いだボストン南部のインナーシティは確かに極端なケースであろう。しかし、そうしたインセキュアな感覚そのものは、より静かに、かつ緩やかな形で個人に覆い被さっている。

たとえば、米国大学保健協会（ＡＣＨＡ）の報告（二〇〇七年）によると、大学生の約半数が在学中に「気分の落ち込み（feeling depressed）」を経験し、一五％が「治療が必要な鬱病（clinical depression）」の基準を満たしているという。心の悩みをオープンに語り合うことを目的に、ペンシルバニア大学の学生が二〇〇三年に設立した非営利団体「アクティブ・マインズ」は、現在、ワシントンＤＣに本部を構え、約三〇〇の大学に支部を広げるまでに至っている。

ここで想起されるのは、ブッシュ大統領が掲げた「オーナーシップ社会」という概念である。

もちろん、それは、第一義的には、政府や企業の負担を軽減し、個人の責任や判断で資金を貯蓄・運用し、住宅や医療や年金を所有するという、極めて経済保守(新自由主義)的な構想を指している。しかし、より根源的には、それは個人の自立や自助努力、すなわちセルフ・ガバナンス(自己統治)を奨励するものである。

しかし、そうした自己の責任や判断はどこまで可能なのだろうか。

文化人類学者ジョセフ・デュミット(カリフォルニア大学デービス校教授)は「正常なインセキュリティ、健康なインセキュリティ("Normal Insecurities, Healthy Insecurities")」(二〇一〇年、未邦訳)と題する論文において、アメリカの製薬業界を対象に行った自身のフィールドワークについて報告している。そのなかで著者は「薬、病、コスト、そしてインセキュリティが増大し続けている根底には、私たちは生まれながらにして病であり、健康とはリスクを軽減することであり、自分自身が体感する健康状態は本質的にインセキュアなものである、という比較的新しい定義が存在していることがある」と結論づけている。

製薬会社が自社に有利なように実験結果を操作し、息のかかった医師に学会誌への論文発表を依頼し、ガイドラインを作成する委員へ便宜を供与し、臨床試験のデータを誇張し、啓発キャンペーンや患者の支援団体に資金を提供し、新薬の広告や販売促進に膨大なリソースを投入する、という構図はしばしば指摘されるところである。

まさにこの構図のなかで、鬱病、小児の躁鬱病、男性型脱毛、性機能障害、ＡＤＨＤ（注意欠陥・多動性障害）、軽い高コレステロール血症など、精神や身体のあらゆる部分に関して、「新たな病」が見出されている。たとえば、米国精神医学会（ＡＰＡ）による『精神疾患の診断・統計マニュアル』（ＤＳＭ）を見ると、第二版（一九八六年）では一八二だった精神疾患の障害カテゴリーは、第四版（一九九四年）では二九七へと細分化され、「病」が増えている。とりわけ一九九〇年代以降は、それまで病と認定されてこなかった症状に対しても「未病（pre-disease）」という概念が広く用いられるようになり、病のカテゴリーが飛躍的に拡大した。

その結果、たとえば、米国立健康統計センター（ＮＣＨＳ）の報告（二〇〇七年）によると、二〇〇五〜〇六年の間に、情緒面・行動面で問題があると親に見なされた就学年齢の子ども（四〜一七歳）は一四・五％に及び、うち三分の一が処方薬の治療を受け、ほぼ同数がカウンセリングなど処方薬以外の治療を受けている。さらに、米国立精神衛生研究所（ＮＩＭＨ）の報告（二〇〇四年）は、一八歳以上のアメリカ人の四分の一以上が精神疾患を患っているとしている。

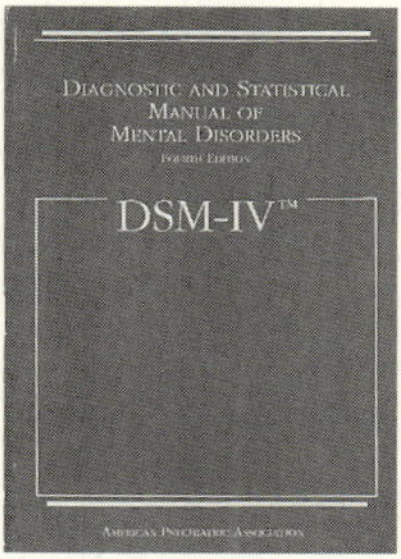

『精神疾患の診断・統計マニュアル』

こうした状況を鑑みるに、「病とは健康状態からの逸脱である」という従来のパラダイムはもはや破綻をきたしている。むしろ病であることこそ常態であり、際限なき(そして完治なき)病の前に、私たちは症状・発症をいかに制御するかに傾注する他なくなった。しかも、私たち自身が、こうした「新しい定義」を積極的に受け入れることで、製薬業界を取り巻く構図の再生産に加担してしまっている。著者はそう主張したうえで、このような現象はまさにアメリカの文化的・制度的な産物であるとしている――ちなみに、ニューヨーク・タイムズ・マガジン誌(二〇一〇年一月八日号)は、近年、アメリカ流の精神疾患に関する診断基準や治療方法が海外に流布しており、特に、鬱病、PTSD(心的外傷後ストレス障害)、摂食障害などが、まるで疫病のごとき速度で世界各地に広がっていると報告している。

デュミット論文が示唆しているのは、今日の新自由主義的な文化や制度のもとでは、自らの精神性や身体性という、個人に最も直近なはずの領域でさえ、自らの責任や判断によって統治・所有することが困難になっているという逆説に他ならない。あるいは、自己責任を強調する新自由主義の理念そのものが、まさに新自由主義の現実によって翻弄されている逆説と言い換えてもよいだろう。

個人はどこまで計算かつ制御可能か

現代はしばしば「オーディット文化」の時代と称される。オーディットとは、直接的には、自らを管理・点検・査定し、外部に対して説明・開示することを指す。そこでは怠惰や無駄は徹底的に否定・排除され、効率性や生産性が厳しく問われることになる。そして、それが往々にして、「客観的なデータ」を媒介に行われることが今日的特徴でもある。個人の実存性や内面性が顧慮されることはなく、あくまで個人(ないしその群れ)を計算かつ制御可能なものとして捉えてゆくことが志向される。それはまさに、新自由主義を支え、かつそれによって支えられた文化といえよう。

このオーディット文化と親和性が高い制度として、たとえば、就職や転職の際に広く用いられている職業適性診断テストが挙げられる。これはもともと一九七〇年代後半にイギリスで研究開発され、サッチャー政権下の一九八四年に世界で初めて導入されたもので、個人の特徴や適性を「客観的」に割り出すことを可能にしたとされる。テストの結果は企業の人事データベースに蓄積され続け、逆に、膨大なデータベースが個人の自己分析に大きな影響を及ぼしてゆく。先に見たアメリカにおける精神疾患を取り巻く状況についても、こうしたオーディット文化としての側面があるように思われる。

もちろん、『精神疾患の診断・統計マニュアル』にせよ、職業適性診断テストにせよ、人びとに利便をもたらしている点は否定できない。むしろ人びとが積極的にそれを歓迎し、利用しているといっても過言ではない。デュミット論文が指摘するように、まさに、そうした自発的かつ主体的な実践によって、個人を取り巻く、より大きな社会的構造が再生産されているのである。かくも肥大化・強大化し続ける構造のなかにあって、自己の責任や判断——あるいは自らに対する「オーナーシップ」や「オーディット」——はどこまで可能なのだろうか。

これは必ずしもアメリカだけの問題ではないかもしれない。しかし、個人主義を重んじるアメリカにとってはなおさら根源的な問いといえる。

7 孤独な個人主義

官僚的個人主義・所有的個人主義

もっとも、こうした個人主義の窮状の原因を新自由主義のみに帰することは正しくない。そこには近代化そのものに伴うジレンマも数多く存在する。

アメリカでは南北戦争後、急速に社会の近代化が進んだ。それまで農村を中心とする共同体が多く点在していたアメリカ社会は、輸送・通信網、法制度、官僚機構などの整備拡張によって、政治的・経済的・文化的な統合が加速し、国民国家・国民経済・国民文化が形成されていった。

その一方、市場の拡大、分業の進展、組織の肥大化、社会移動性の増大、人口動態の変化、競争の激化によって、居住地域、職業、教育、経済、組織的所属、民族、宗教、文化的価値などの同質性に基づいた共同体は変容し、社会の関係性や全体像は、より不可視的で抽象的なものになっていった。

それはまた、歴史的な継続性が希釈されていった過程でもあった。そのことを思想家フレドリック・ジェイムソン（デューク大学教授）は「心の習慣について（"On Habits of the Heart"）」と題する論文（一九八七年、未邦訳）のなかで、「私たちが生きている現在の独自性をより明確に把握するために必要な過去の差異性に対する感覚の衰退」と表現しているが、個人は、空間軸のみならず、時間軸においても、筋書きのない文脈のなかに置かれていった。

社会的・道徳的つながりが欠如するなか、哲学者アラスデア・マッキンタイア（ノートルダム大学教授）が「官僚的個人主義（bureaucratic individualism）」という概念で示したように、個人は自らの居場所と権利に鋭敏になり、それらを保護・防衛すべく、法的・政治的手続きへの依存を深めていった。道徳はそうした官僚的な手続きに委ねられ、正義は実質的な目的というより、むしろ然るべき手続きそのものと同一視されるようになった。

このような状態を「私的領域の植民地化」と皮肉ったのは哲学者ユルゲン・ハーバーマスである。たとえば、最高の弁護士を雇う財力のある人間が社会生活においてより有利になるという厳然たる現実は、道徳や正義の権威を骨抜きにし、個人の人生の実存的土台を蝕むことになる。アメリカでは幼い子どもが自らの親を告訴することも珍しくないが、結婚前に財産の割り振りや互いの義務、責任の所在などを事細かに取り決めする婚前契約書(prenuptial agreement)を交わすケースも一九八〇年代以降増加している。これらは公的領域の論理と力学が私的領域を包摂していることを示唆する例であると同時に、アメリカの訴訟社会化と密接に結びついた現象でもある。

一方、自己の身体と諸能力の所有を通して自らのアイデンティティを確保してゆこうとする傾向――政治学者C・B・マクファーソンの説く「所有的個人主義(possessive individualism)」――も顕著になった。最も世俗的な次元では、それは消費や恋愛の重視というイデオロギーによって表現されていったが、そうしたアイデンティティは、本来、儚く脆いものである。付加価値に基盤を置く消費社会は、つかの間の顕示的消費を刺激し、個人の欲望を際限なく駆り立ててゆく。ロマンスやセクシャリティを支える感覚もまた可変的で不安定なものだ。そうした人間の感情や感性を科学的に把握・管理することへの欲求が、学問領域としての心理学や精神医学の発展を促すと同時に、オーディット文化の土壌を育んでいった。

自由な社会における不自由

アメリカの社会学においても個人主義の窮状は大きなテーマであり続けた。

大量生産・大量消費を理念とするフォーディズムの時代を代表するデイヴィッド・リースマンの『孤独な群衆』(一九五〇年)、ウィリアム・ホワイトの『組織のなかの人間』(一九五六年)、フィリップ・スレーターの『孤独の追求』(一九七〇年)といった著作は、巨大で官僚的な企業が経済を支配し、アメリカ社会が順応的・画一的になりつつあることへの警鐘を鳴らした。表面的な豊かさと快適さの背後で、共同体が骨抜きにされ、人びとが孤立・孤独化していることへの危機感がこれらの作品には共有されている。

一九八〇年代に入ると、フォーディズムへの批判が後景に退く一方、新自由主義の過剰に対する懸念が表明されていった。ロバート・ベラー他の『心の習慣』(一九八五年)は、アメリカ人――とりわけ中流層――が自己陶酔的な「自己実現」を重視するあまり、家族や共同体へのコミットを疎み、社会的な諸関係を(ご都合主義的な)「契約」のように見なしていると指摘した。そのうえで「人間同士を結び付けている精妙なつながりが崩れることで(社会的・道徳的エコロジーが)ダメージを受け、人々を怯えた孤独の状態に置き去りにする」と警告した。

ロバート・ウスナウ(プリンストン大学教授)もまた『意味と道徳秩序(*Meaning and Moral Order*)』(一九八七年、未邦訳)のなかで、「個人的であることは、厳しい道徳的義務を重んじる倫理的な体系というよりも、むしろ、非常に相対的な様相を呈するようになる。そこでは、内面的な追求に焦点が当てられ、公的あるいは集団的な価値は、主に実利的な計算に左右される

33 人が死亡したバージニア工科大学銃乱射事件
(2007 年 4 月 16 日，nytimes.com より)

ようになる」と述べ、ポストモダンのアメリカにおける個人主義のありかたを憂慮した。

これらの議論に通底しているのは、「進歩的で企図的な社会的存在としての個人」という近代の理想とは裏腹に、むしろ個人の尊厳が蝕まれ、蔑ろにされていることへの危機感である。あるいは、疎外化され、断章化され、原子化される個人主義への危機感といってもよいだろう。

こうした孤独な個人が社会の多数派への同調を強め、政府の権力に自ら隷従してゆく――つまり、「市民」というより「臣民」と化してゆく――危険性を指摘したのはトクヴィルだった。そのうえでトクヴィルは、そうした「多数派の専制」を防ぐべく、地方自治の確立（市民による政治への直接参加）、陪審制度（市民による法や権利の問題への習熟）、自発的結社（市民による団結や協調）という「民主主義の三つの学校」がアメリカで果たしている役割に注目した。

コロラド州リトルトンで起きたコロンバイン高校銃乱射事件（一九九九年、犠牲者一五人）やバージニア州ブラックスバーグで起きたバージニア工科大学銃乱射事件（二〇〇七年）といった悲劇の背景には、単に銃規制の問題だけではなく、不確実性・閉塞性・抽象性を増す社会に生きる若者の「自己表現の暴発」があるとの見方も少なくない。まさに自由な社会における不自由ということだろうか。

「独立独歩」や「自助」といった個人主義的な価値は、本来、それ自体としては常に尊いものだろう。しかし、現実の状況は、むしろ「自己」を道徳的判断や社会的実践のリファレンス(参照)とすることを個人に余儀なく迫るものである。その結果、社会的な諸関係は、各個人の一人称的な視点から評価・判断されるようになる。

それは、ある意味では、アメリカにおける個々の行為者が、人生においてより多くの自由と選択肢を持つこと(ないし持ち得ること)を示唆するものである。しかし、高度に近代化した社会——あるいは、かつて文化人類学者クロード・レヴィ=ストロースが「熱い社会(hot society)」と称したような、社会的・文化的な移動性・流動性・変化が奨励される社会——に生きる個人は、自己と社会との間の絶え間ない緊張感や不確実性を背負わされた存在でもある。人生はまさしく「ハイリスク・ハイリターン」であり、光り輝く「アメリカン・ドリーム」の陰には、無惨に砕け散った無数の夢が横たわっている。

第四章　多様性の行き着く先

雪の夜，森のそばに足をとめて

この森の持主が誰なのか，おおかた見当はついている．
もっとも彼の家は村のなかだから，
わたしがこんなところに足をとめ，彼の森が
雪で一杯になるのを眺めているとは気がつくまい．

小柄なわたしの馬は，近くに農家ひとつないのに，
森と凍った湖のあいだにこうして立ち止まるのを，
変だと思うに違いない――
一年じゅうでいちばん暗いこの晩に．

何かの間違いではないか，そう訊ねようとして，
馬は，馬具につけた鈴をひと振りする．
ほかに聞こえるものといえば，ゆるい風と
綿毛《わたげ》のような雪が，吹き抜けていく音ばかり．

森はまことに美しく，暗く，そして深い．
だがわたしにはまだ，果たすべき約束があり，
眠る前に，何マイルもの道のりがある．
眠る前に，何マイルもの道のりがある．

ロバート・フロスト，川本皓嗣訳（『アメリカ名詩選』ワイド版岩波文庫，1993 年所収）

1　多様性の源泉

服従から交渉へ

急いで付け加えなければならないのは、社会学者アンソニー・ギデンズ(ロンドン・スクール・オブ・エコノミクス名誉教授)が指摘するように、高度に近代化した社会における個人は、社会の断片化のプロセスの中に囚われた、受動的で、無力な行為者――あるいは歴史学者クリストファー・ラッシュのいう、小さな自我しか持ち得ない「ナルシシスト」――では決してないということだ。むしろ、身の回りのさまざまな文化資源を利用しながら、外部の社会から身を引くのではなく、能動的に関わってゆくことで、新しいタイプの社会関係を構築してゆく局面も多々ある。

一九九〇年代半ば、私は、ボストン南部のインナーシティの調査と並行して、アメリカ最古で随一の名門家族の末裔たちを対象に三年間のフィールドワークを行った。かつて「ボストンのバラモン」「ワスプの中のワスプ」とも称された家族である。たとえば、二〇〇四年の大統領選の民主党候補で、現在(二〇一〇年)、上院外交委員会委員長を務めるジョン・フォーブス・ケリー上院議員(マサチューセッツ州)は、祖母がウィンスロップ家、母がフォーブス家出身であり、この「バラモン」の血を引く人物である(ただし、ケリー家の宗教はカトリック)。

第二次世界大戦後、能力主義と競争主義がアメリカ社会に広く浸透するなか、どこで学び、どこに住み、どこに属し、どんな仕事をするかといった「オールド・マネー(先祖の遺産で暮らす名家の意)のカリキュラム」は、「ボストンのバラモン」にとっても、ますます踏襲しにくいものになっていった。より公正な社会へ向けた政治的圧力は、彼らと縁の深いワスプ中心の排他的な会員制名門社交クラブの扉を次第にこじ開けていった。経済的な没落とともに相次いだ別荘の売却は、全米各地に散らばる彼ら一族の交わりを難しくすると同時に、そうした場に埋め込まれた集合的な記憶や心象を希薄にしていった。家族信託(ファミリー・トラスト)のおかげで、家族の資産はかろうじて保たれたものの、コーヒー・テーブルや小さなランプのような、家族の記憶が埋め込まれた品さえ、外部の専門家(鑑定士や法律家など)による価値評価や法的区分の対象にされ、家族が自由に扱うことは難しくなった。

こうした変わりゆく現実を受け入れ、自分自身の人生を切り拓いてゆくことに戸惑う者も少なくない。あるインフォーマントの兄弟は、若くして自裁した際、自らが生まれ育った社会の慣習や価値の「わなに引っ掛かった(trapped)」と遺したという。アトランティック・マンスリー誌はかつて、こうしたアイデンティティの混乱・喪失を「ボストン病」と名付けたほどだ。

しかし、忘れてはならないのは、伝統的な関係性やアイデンティティの断章化を憂慮する声がある一方、こうした変わりゆく現実が個人の自由裁量の余地や選択の幅を広げていった点を肯定する向きも少なくないことである。

「ボストンのバラモン」の典型的な広壮な別荘（著者撮影）

インフォーマントのなかには、自分の両親や祖父母が大切にしてきた、権威的かつ排他的なエリート文化に反発し、因習による筋書きのない、新たな人生を敢えて選んだ者もいる。彼らは、家名によって生きることをよしとせず、名門社交クラブにも属さず、社交界デビューもせず、社会的地位による「同類婚」をせず、赤ん坊を乳母に預けたままにせず、子どもをファミリー・スクール（親子代々が通う学校）にやらず、家父長的にならないことを自ら選択した。ボストンを去り、「由緒正しいボストン人たち」との関係を断ち、「よそ者」と結婚し、価値観を共有する人たちとのみ付き合っている者もいる。彼らは「ボストン病」のわなに抵抗した能動的主体である。

同時に、彼らの生きざまは、ある伝統的で支配的な秩序が、自動的に維持・再生産されるどころか、その担い手自身によって拒否・破壊されたことを意味する。社会学者ピエール・ブルデューは、フランスの社会階級について論じた名著『ディスタンクシオン』(一九八九年)において、個人が、自らの属する階級の独自性や卓越性を維持・再生産すべく、その基盤を成す「象徴資本」(学歴や資格などの文化資源)に絶え間ない投資をしてゆくという社会的再生産のモデルを提示した。しかし、「ボストンのバラモン」のケースが示すのは、まさにそのアンチテーゼ、すなわち個人が、自らの置かれた環境や状況のなかから、新しく、多種多彩な関係性やアイデンティティを構築してゆくダイナミズムである。

ちなみに、こうした能動的な実践によって、より個人化・多様化が進んでいるのは、「家族」という関係性やアイデンティティについても然りだ。文化人類学者マリアンヌ・グレスタッドは、高度に近代化した社会における家族関係を分析した論文「服従から交渉へ("From Obedience to Negotiation")」(一九九六年、未邦訳)のなかで、次のように記している。

個人が家族のリソースであるというよりも、家族が、個人の自己構築のためのリソースになりつつある。自分自身であるという理想を達成するために、子どもたちは、親の信念や好みではなく、自分自身の信念や好みによって、自らの価値観を正当化しなくてはならない。今日の親たちは、特定の考え方や特定の価値観というよりは、自己を発見し、成長させるための能力を伝達することが望まれている。（英文原著より筆者訳）

歴史学者ステファニー・クーンツ（エヴァーグリーン州立大学教授）は『家族という神話』（岡村ひとみ・芹沢俊介訳、筑摩書房、一九九八年）のなかで、このように個人化・多様化するアメリカの家族の今日的状況を、次のように述べている。

男性が一家の稼ぎ手である家族は、もはや大多数の子どもにとって、中心的なものではなくなっているが、それに代わるような、新たな形態はまだ現れていない。今日、アメリカ人の多くは生涯を通して、さまざまな家族形態を経験する。たとえば、親が離婚した家族、未婚のカップルが子育てをする家族、共稼ぎ家族、同性カップル、働いている配偶者がいない家族、再婚などによる混合家族、子どもが巣立った家族などである。

多民族国家であり続ける

社会が高度に近代化することに伴う個人化・多様化以外にも、アメリカの多様性を支えるメタな背景はさまざまに存在する。

たとえば、合衆国憲法の修正第一条から修正第一〇条、すなわち権利章典において市民の基本的人権が保障規定されていることや、建国以来、中央権力に極めて懐疑的で、セルフ・ガバナンス(自己統治)を重んじてきた政治風土が存在することを、そうした背景の一つとして挙げることができよう。

また、一七世紀の植民地時代から社会の底流を成してきたキリスト教的な個人主義——すなわち人間は「神との契約」によって生かされているのであり、俗世における関係よりも、まず神との関係下にある「自己」を第一義的に考える精神風土——の影響も指摘できよう。

こうした政治風土や精神風土によって、個人が自らの信条と良心に従って自由に考えを表現し、行動することが容認・奨励され、その結果、社会全体の多様性が促されてゆく。

かつてレヴィ=ストロースは、アメリカの広大な地形とスカイラインを見ると、それに合わせて「気持ちが切り替わる」と述べたことがある。日本の二五倍もの広大な国土面積と変化に富んだ地質と気候。こうした自然風土に根ざした地域の特色や気質、ライフスタイルの多様性も見過ごすわけにはいかない。

もちろん、アメリカが世界有数の——そして世界史的にも稀な規模の——多民族国家である点は、いくら強調してもしすぎることはない。たとえば、「アメリカの世紀」とも称される二〇世紀の幕が開いた一九〇一年からの一〇年間に八一四万人の移民がアメリカに入国している。

一九〇〇年当時のアメリカの総人口が七六〇〇万人なので、毎年総人口の一%にあたる移民が入国したことになる(これを現在の日本に当てはめると、毎年一三〇万人もの移民が入国する計算になる)。

ワシントンにある移民政策研究所の調査(二〇〇九年)によると、同時多発テロ事件後の入国審査の厳格化や取締り強化にもかかわらず、アメリカにやって来る移民の数は一定の水準で推移しており、毎年一〇〇万人を超える合法的移民を受け入れている。さらに毎年五〇万人の不法移民が流入し、連邦政府統計(二〇〇九年)によると、その総数は一〇八〇万人に達している。

米商務省国勢調査局の報告書(二〇一〇年)によると、現在、家庭で英語以外の言語を使っているアメリカ国民の割合は二〇%に達し、過去三〇年間で倍増している。使用言語数は実に三八一に及ぶ(合衆国憲法はいかなる言語もアメリカの国語と定めておらず、英語を公用語に定めているのは五〇州中三〇州にとどまっている)。

先述したようにアメリカの民主主義における自発的結社の重要性に注目したのはトクヴィルだが、自らの信条やライフスタイルを守ろうとするコミュニティやネットワークが、政治・経済・社会・文化のあらゆる領域のあらゆるレベルに存在している。当然、それらが対立することも珍しくないが、決して一つの考え方や生き方に収斂してゆかない多様性、つまり特定のディスコース(語り)を拒むカウンター・ディスコースが常に存在する点こそが、アメリカ社会の特徴であり、強靱さの源泉であるともいえる。

2 保守反動

「苛立つ四人組」

しかし、こうした個人化・多様化への反動も常に存在する。

たとえば、上述した「ボストンのバラモン」の場合、彼らと縁の深い、とある名門社交クラブに対して黒人のコメディアンの妻を入会させるよう政治的圧力があった際、女性会員たちが猛反対したという。地元漁師の娘と結婚したことで、遺産相続人から除外されてしまった男性もいる。

あるインフォーマントの場合は、ブルーカラー(労働者階層)出身の女性を妻にしたことで、名門社交クラブ内の「苛立つ四人組」と名乗る匿名グループから、以下のような嫌がらせの手紙を何通も受け取った。

われわれはあなた方を忘れてはいない。そう、あなた方のことが気になって仕方がないのだ。特に、(高級住宅地の)ブラットル・ストリートの家を売却して、(中流層の多い)ニュートンに転居するつもりだと聞いて以来……。いっそのこと、フラミンガムとやらの「ブルーカラーの町」へ向かって、州道九号線を君のロールス(ロイス)で西進し続けたほうがいいのではないか。そこならあなたとあなたの「ブルーカラーの家族」が、お仲間と一緒に、平等で、身の丈にあった暮らしが送れるだろう。考えてみてくれ給え。

ボストン市内の名門社交クラブ「サマーセット・クラブ」. 1852年創設. 1988年に初めて女性の入会を認めた(著者撮影)

実際、あなた方が二重基準の生活を送っていることは、われわれ全員にとって明々白々だ。しかしながら、現実を見るあなたの目が歪んでいるせいか、自分たちには説明責任がないものと信じて疑わずにいる。まるで預言者のように……何と滑稽な!

われわれは、皆、自分たちの仲間によって、社会的な名声や敬意において多大なる打撃を受けた。

「豆とタラの里、ボストン。そこでは、ローウェル家はキャボット家とのみ話をし、キャボット家は神とのみ話をする」――この一節はもともと一九〇五年のハーバード大学の卒業生が同窓会で詠んだものである。かつての「ボストンのバラモン」の栄華を表す比喩として、多くのインフォーマントがこの一節を引用していたが、「大いなる過去」を過去のものにすることは容易ではない。

家族の価値

個人化・多様化するアメリカの家族に対する反動としては、一九八〇年代から社会保守派への政治的配慮で掲げた「家族の価値」というスローガンがすぐに思い出される。たとえば、共和党のダン・クエール副大統領は、一九九二年春にロサンゼルスで発生した人種暴動の直後に行った講演で、暴動の背景には「家族の価値」の崩壊があるとしたうえで、ニュースキャスターが未婚の母になる人気テレビドラマ『マーフィ・ブラウン』を槍玉に挙げ、ハリウッドとの対決姿勢を強めた。さらには、両親が離婚している女の子のキャラクターが『セサミストリート』に登場したことを「リベラル偏向」と批判し、制作局であるアメリカの公共放送PBSの予算削減や番組廃止への圧力を加えた。

その後、民主党のクリントン政権でさえも、社会保守勢力への政治的配慮から、一九九六年の大統領選では「家族の価値」をスローガンに掲げるに至った。

そこで想定された「家族の価値」とは、一九五〇年代に最盛期を迎えた、核家族のジェンダー秩序を前提としたものだった。しかし、社会資本への投資や公的サービスの削減、実質賃金の低下による労働時間の増加、リストラやダウンサイジングに象徴される労働コストの切り詰めや雇用不安、性や結婚観の変化、平均寿命の延びや高齢化など、大きく変貌を遂げる社会環境にあっては、それは体現困難な価値でもあった。

労働力に占める女性の割合が増加しているにもかかわらず、今日においても、家事労働や子育ては女性の領域とされ、離婚後の貧困は女性に偏る傾向がある。アメリカの男女間の賃金格差は先進国のなかでは、日本やドイツよりは平等とはいえ、決して小さくない。この点について、クーンツは前掲書のなかで「苦痛の多くは女性が勝ち取った平等に起因するのではなく、彼女たちが根絶しきれなかった不平等が原因である」と述べたうえで、こう続けている。

アメリカにおける仕事、学校、医療は、いまだに一九五〇年代の神話を基に組織されている。すなわち、各家庭にはいつでも母親がいて、日中に子どもたちを医者や歯医者に車で連れて行ったり、早下校の日には小学校まで子どもを迎えに行ったりすることができ、また子どもがインフルエンザにかかったときは家にいるという神話である。

（英文原著より筆者訳）

新自由主義と「家族の価値」が併存し得るというのは、一見、奇異に感じられるが、どちらも保守主義(それぞれ経済保守と社会保守)の最大公約数である「セルフ・ガバナンス(自己統治)」のイデオロギーを強く共有している。また、新自由主義によってさまざまな共同体の紐帯が裁断されるなか、その反動として、社会的な郷愁(ノスタルジア)が喚起されることは想像に難くない。もっともクーンツが指摘するように、そうした郷愁の彼方に投影される「家族の価値」とは、一九五〇年代の特殊な時代における、しかも白人中流層の間で支配的だった核家族のイメージを美化した、いわば「創られた伝統」であるケースがほとんどなのだが。

削除されるトマス・ジェファーソン

こうした社会保守による反動や反発が、より直接的には、一九六〇年代の公民権運動や対抗文化運動の流れを汲む、リベラルで、多文化主義的なアメリカ理解に対して向けられたこと、そして一九九〇年代に「文化戦争」を先鋭化させたことは、第二章で述べた通りだ。

たとえば、リベラル派は公立学校における祈禱や聖書講読の禁止は合衆国憲法の修正第一条にある「国教の禁止」に合致するとしたが、キリスト教保守派は教育から宗教的次元を排除することは検閲にあたると反論した。

同様に、従来のキリスト教解釈がワスプ・男性中心に偏りすぎていると批判する「解放の神学」などのリベラル派は、「キリストにあっては男も女もない」(ガラテヤの信徒への手紙三章)として、女性牧師への門戸を開くよう主張したが、保守派からは「すべての男のかしらはキリストであり、女のかしらは男であり、キリストのかしらは神である」(コリントの信徒への手紙一、一一章)と同じく聖書を用いた反論がなされた。

二〇一〇年には、キリスト教保守派が優勢となったテキサス州の教育委員会(共和党一〇人、民主党五人)が、歴史カリキュラムに関する大幅な基準改定を議決した。新基準は「アメリカ独立革命に影響を与えた思想は啓蒙主義だけではない」との見地から、「独立革命に影響を与えた人物」のリストから建国の父トマス・ジェファーソンを削除し、代わりにトマス・アクィナスやジャン・カルヴァンを加える判断を下した。

ジェファーソンは、啓蒙思想(理性)を重視する立場から、キリスト教を絶対視せず、厳格な政教分離を支持したことで知られる。彼が起草したバージニア宗教自由法(一七八六年)には「その保護下にあるユダヤ人と非ユダヤ人、キリスト教徒とイスラム教徒、ヒンドゥー教徒とあらゆる名称の無神論者を包含する」とさえ定められているほどだ。彼が創設したバージニア大学に神学部が設置されておらず、当初の計画ではキャンパスに礼拝堂がなかったのも、こうした立場によるとされている。

新宗教左派

キリスト教保守派のなかでも、その多数派を成すプロテスタントの保守派、いわゆる(現代的呼称としての)福音派(エバンジェリカル)は、現在、アメリカの総人口の二五~三〇%を占めるといわれる。宗教的体験によって「回心(ボーン・アゲイン)」し、聖書の言葉をそのまま「神からの言葉」と信じ、福音活動に勤しむことをその特徴とする。個人救済よりも社会正義を重視し、聖書を歴史的・批判的に解釈し、他の宗教にも肯定的な主流派(穏健派・リベラル派)とは対照的だ。

しかし、近年は、そうした福音派のなかからも、人工妊娠中絶や同性婚といったお決まりのテーマだけではなく、貧困・エイズ・気候変動・核不拡散といったテーマに関心を寄せる革新的な層が出現している。いわゆる「新宗教左派」との親和性が高いとされる彼らの多くは、人工妊娠中絶や同性婚こそ認めないものの、死刑に反対し、銃規制を支持し、反戦・反核の立場を取り、他の宗教も肯定する。それゆえ、保守派教会ではなく、主流派教会に属する者も少なくない。

私は、二〇〇四年に、ニューヨーク州ポキプシー近郊に暮らすブルダホフというプロテスタントの一派を訪れたことがある。原始キリスト教の精神に従い、教会を持たず、共同生活を営んでいるものの、新宗教左派と多くの立場を共有していた。

通常、彼らは政治には関与しないが、ブッシュ政権下における政策全体の右傾化や宗教の政治的乱用については、インターネットをはじめ、さまざまな形で懸念を表明した。二〇〇四年の大統領選の際は、共用ホールのテレビで候補者同士の討論会や開票経過を注視した人や、生まれて初めて投票した人も多かったという。人工妊娠中絶や同性婚を認める民主党は間違っているが、それでもブッシュ政権が続くよりはましという考えが支配的だったようである。

ブルダホフの共用ホールのある建物(著者撮影)

「ブッシュは同時多発テロがなぜ起きたのか理解しようとせず、世界中から寄せられた同情を悪用した」「イラク戦争は石油利権が目的だったが、それに大義を与えるために〝自由〟や〝民主主義〟を声高に主張した」「次はイランに圧力を加え、イランが軍事的威嚇に出たところで、イランを攻撃すると思う」といった不満や懸念を訪問中多く耳にした。ブッシュ政権を取り巻くキリスト教保守派についても、「彼らはキリスト教のレトリックこそ使うが、まるで実践していない。「汝の敵を愛せよ」――これが聖書の教えです。イラクへの攻撃を支持するなどあり得ないはずです」などと極めて辛辣だった。

ブルダホフの絶対平和主義や寛容の精神は、これまでも難民支援や反戦・反人種差別活動を通して表現されてきた。近年では、死刑廃止、都市スラムにおけるコミュニティ再生、中南米・中東・インドなどへの人道支援といった活動に精力を注いでいる。また、アメリカ国内の監獄への慰安訪問、公立学校からの暴力の撤廃、障害児の教育環境の改善などにも取り組んでいる。共同体内の学校では、死刑囚へ励ましの手紙を書いたり、キューバの子どもたちと文通したりしている。実際、キューバ訪問も活発で、その背景には、アメリカ政府による経済制裁のしわ寄せを受けがちなキューバの社会的弱者を救済するという意図があるようだ。

学校の教室には、「世界をつなぐ糸」というテーマのもと、世界各地の宗教シンボルの写真が貼ってある。信仰を大切にしているという点ではどの宗教も同じだとして、宗教の多様性を尊重している。

オバマのジレンマ

共和党と宗教保守派の蜜月状態が続くなか、長年、民主党は宗教票の掘り起こしに消極的だったが、二〇〇四年の民主党大会では賛美歌「アメイジング・グレイス」を流し、基調講演を行ったオバマ上院議員(当時)は「私たちは青い州(=民主党優勢の州)でも偉大なる神(awesome God)を敬います」と説いた。“awesome God”とは福音派が好んで用いる表現であり、一九八〇年代に流行った聖歌の題名でもある。オバマが大統領就任式の祈禱担当にキリスト教保守派のウォレン牧師を抜擢したことは、第一章で述べた通りだ。

さらに、オバマは、宗教指導者で構成され、地域の経済活性化や貧困・教育対策を行う「信仰に根ざした隣人協力機構」をホワイトハウスに設置する大統領令にも署名した。同様の政策がブッシュ政権下にも存在していたことから、リベラル派からは反発と失望が広がった。ただし、オバマは同機構の設置に際して特定の宗教にこだわらないことを強調し、ブッシュ時代よりも助成対象を広めていく方針を明確にしている。

こうしたオバマの姿勢は、革新的な福音派から概ね好意的に受け止められている。しかし、オバマが彼らの支持をつなぎ止めようとすれば、やはり人工妊娠中絶や同性婚へ積極的な支持を打ち出すわけにはいかない。その消極的な態度が、ひるがえってリベラル派の反発と失望を助長するというジレンマにオバマは直面している。

さらに難しいのが無神論者との関係だ。

アメリカにあって政教分離とは、国教を定めず、何人にも信仰の自由を保障することを一般的に指す。フランスのように、宗教的次元そのものを公的領域から排除することは、必ずしも含意されていない。紙幣や硬貨に刻まれている“IN GOD WE TRUST”(我々は神を信じる)の

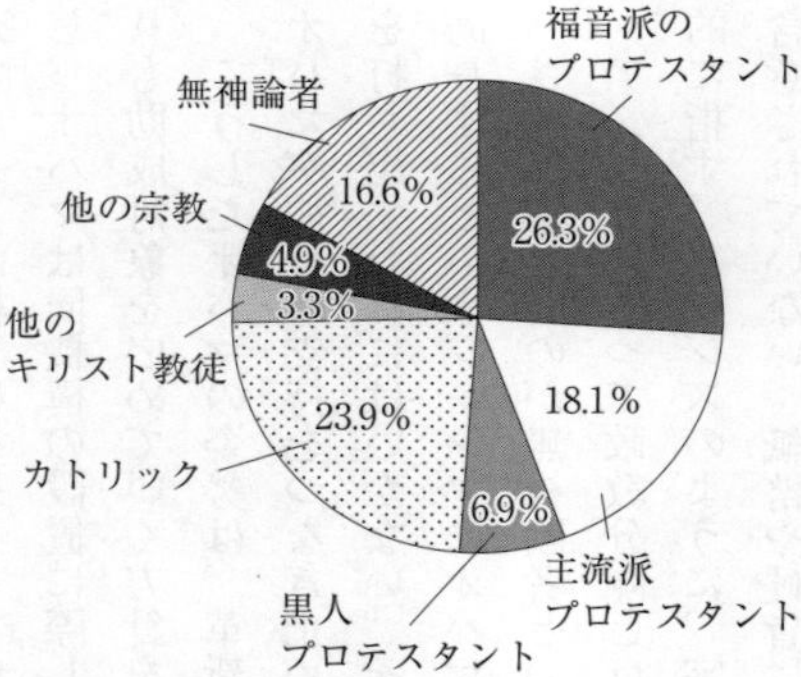

資料：2008 Pew US Religious Landscape Survey

アメリカ人の宗教意識(2008年)

"GOD"とは、特定の宗教の神ではなく、社会に超越的基準を与える「聖なるもの」を指し、しばしば「市民宗教」などとも称される。

しかし、無神論者のなかには、こうした宗教的次元そのものの存在を認めず、より厳格な政教分離を求める声も少なくない。二〇〇八年のアメリカ人宗教意識調査(ARIS)によると、総人口に占める無神論者の割合は一九九〇年の八%から一五%に増加している。

その一方、ミネソタ大学が行った二〇〇三年の全国調査によると、アメリカ人が最も信用しないのは、どの教徒でも、どの人種・民族でもなく、無神論者だった。

私たちのつぎはぎ細工の遺産は強みであって、弱みではない。私たちは、キリスト教徒やイスラム教徒、ユダヤ教徒、ヒンドゥー教徒、それに神を信じない人による国家だ。私たちは、あらゆる言語や文化で形作られ、地球上のあらゆる場所から集まっている。

オバマは就任演説のなかでこう謳い上げ、無神論者への配慮を示した。しかし、無神論者の一〇団体は、オバマの大統領就任式から宗教的な式次第を取り除くべく訴訟を起こしていた。宗教学者ダイアナ・エック（ハーバード大学教授）は『宗教に分裂するアメリカ』（池田智訳、明石書店、二〇〇五年）のなかで、アメリカの宗教的未来について、次のように述べている。

アメリカ合衆国のような国家が多宗教共生国家として新たに想像することは、私たちのほとんどにとって最も重要な課題なのです。それは、私たちがアメリカのことを考えるだけで、心のうちにオハイオ州トリードのモスクやテネシー州ナッシュヴィルのヒンドゥー教寺院を思い浮かべることができることなのです。それはまた、「我ら合衆国の人民」のイメージに、全軍のイスラーム教徒、フェアファックス郡のヒンドゥー教徒、クリーヴランドのシク教徒、それにロスリンデイルの仏教徒を含めることです。そして、新しい移民にとっては、アメリカについての自分自身の精神的イメージに自らを含めることでもあるのです。

これは、ジェファーソンやオバマの掲げる理念にも連なる、大胆な希望の表明である。個人化・多様化が進むアメリカ社会にあって、保守派の反動とリベラル派の反発が渦巻くなか、「二項対立の超克」や「多元的な価値の尊重」に根ざした「内包的」な自己理解はどこまで可能なのだろうか。

3　左右の原理主義とその陥穽

二極化する保守

おそらくそうした「内包的」な自己理解の対極に位置するのが「原理主義」だろう。それは、特定の価値観を絶対視・完全視し、純化された「原理原則」による演繹によって物事を判断し、その他すべてを排除する教条主義的な立場に他ならない。そこには人間存在の本質的な有限性・偶有性・不完全性に対する自省が入り込む余地はほとんどない。

ニューヨーク・タイムズ紙の書評欄編集主任サム・タネンハウスは『保守主義の死（*The Death of Conservatism*）』（二〇〇九年、未邦訳）のなかで、ニューディール時代以来、アメリカの保守主義（そして共和党）が、こうした原理主義的な強硬派と現実主義的な穏健派に二極化されてきており、とくに近年は強硬派に乗っ取られてしまっていると憂慮する。

強硬派は第三章で紹介した「愛国者運動」と称される反政府運動とも関係が深い。二〇一〇年の中間選挙で注目を集めた「ティー・パーティ」も、基本的には、一九七六年の「納税者の反乱」と親和性の高い、経済保守の強硬派を中心とした運動である。名称はボストンの住民がイギリスの茶法(課税)に対して反旗を翻したボストン茶会事件(一七七三年)に由来すると同時に、「もう税金はたくさんだ(Taxed Enough Already)」の頭文字にちなんでいる。「ティー・パーティ」は、核となる明確なリーダーを持たず、ピラミッド型(上意下達型)というよりはネットワーク型(自律・分散・協調型)の緩やかなまとまりにすぎないが、増税につながりかねない連邦政府の支出増大に断固反対する姿勢は共有されている。

それゆえ、民主党候補者のみならず、共和党の穏健派候補に対しても不満を露にしている。二〇一〇年春には、リベラル派の牙城マサチューセッツ州の上院議員補選において、「ティー・パーティ」の後押しを得た無名の保守派候補スコット・ブラウンが勝利を収める一幕があった。また、同年、連邦議会上院議員への転身を図ったフロリダ州の現職知事チャーリー・クリストが共和党を離党し、無所属で立候補せざるを得なくなった背景には、同氏を「十分に保守ではない」と見なした「ティー・パーティ」の影響力があった。

共和党の大物議員であるマケインでさえ「不法移民に寛容過ぎる」などの理由で「ティー・パーティ」に攻撃され、急遽、「ティー・パーティ」の間で人気の高い前共和党副大統領候補サラ・ペイリンに応援を依頼せざるを得ない状況に置かれた。ちなみに、マケインの地元であるアリゾナ州では、二〇一〇年四月、不法移民の摘発強化を目的とする、アメリカで最も厳しいとされる移民法が成立し、警察官らが移民に不法滞在を疑う合理的理由があれば、身分確認を求めることができるようになったが、法案成立の背景には「ティー・パーティ」の強い影響があったとされる(ただし、連邦地裁は同法の大部分を差し止める仮処分命令を出し、二〇一〇年九月現在同州は控訴中)。

ボストンの「ティー・パーティ」の集会で演説するサラ・ペイリン前共和党副大統領候補(2010年4月14日, http://www.americanthinker.com/より)

共和党にとっては、こうした強硬派に寄り添いすぎると、党内穏健派や無党派層の離反を招きかねない一方、もしも彼らが独自の候補者を擁立するようなことがあれば、保守派の票を奪われるため、無下にするわけにもいかない。二〇〇八年の大統領選で、穏健派のマケインは強硬派のペイリンを副大統領候補に指名することで党内の結束を図ったが、「反オバマ」「反民主党」を超えたところで、共和党が保守政党としてのアイデンティティをいかに構築・共有してゆけるかは依然大きな課題である。

メタ・レイシズムという皮肉

しかし、忘れてはならないのは、原理主義そのものは何も保守派に限った現象ではないことだ。たとえば、反差別の立場から「差異への承認」や「差異への権利」を求めるリベラル派の多文化主義にしても、それ自体が原理主義化してしまえば、社会的な代表権＝表象権を獲得するためのマイノリティの政治――いわゆるアイデンティティ・ポリティクス――を過剰にし、単なる資源獲得競争に矮小化してしまう恐れがある。

オハイオ州クリーブランドにある「マーカス・ガーベイ・アカデミー」に掲げられた月例掲示板．同校は，アフリカ中心主義史観を取り入れた教育を行っていることをアピールしているチャータースクール（同校の HP より）

有名な例としては、欧米的思考に対するアフリカ的思考の優位や、人類文明の源としてのアフリカ文化を説く「アフリカ中心主義史観」が挙げられる。そうした言説は決して新しいものではないが、白人に対する先天的劣性を信じる黒人も少なくないなか、一九九〇年代以降、黒人としての誇りや自尊心を育む視点として、一部の学校の教育カリキュラムに組み込まれている。

しかし、「アフリカ中心主義史観」は黒人を解放するかもしれないが、逆に、他のマイノリティの「歴史」の抑圧を意味しかねない点において、差別の組み替えにすぎないという批判も根強い。つまり、それは「レイシズムと闘う手段としてのレイシズム」という「メタ・レイシズム」の温床と化す可能性を秘めているというわけである。多文化主義によって分離主義的傾向が助長され、排他的な単文化主義ないし文化的全体主義が広がるとするならば、それはあまりに皮肉である。

1970年代にボストン南部で厳重な警備のもと実施された「強制バス通学」の模様(1974年9月16日, EYES ON THE PRIZEのHPより)

一九七〇年代から、シャーロット、ボストン、デンバーその他の都市で、公立学校における黒人と白人の生徒数の比率を学区内の水準に合わせるため、学生を意図的に振り分けて通学させる「強制バス通学」が実施された。しかし、その結果は、人種隔離撤廃と多文化共生の実現を志向する高邁な理念とは裏腹に、私立学校へ子どもを転校させる親や、黒人が少ない郊外へ引っ越す白人も多く、黒人と白人の対立がかえって悪化したケースがほとんどだった。

私が九〇年代半ばにフィールドワークをしたボストン南部のインナーシティはアイルランド系移民の労働者家族が多く暮らす地区であるが、インフォーマントの白人女性の一人は「強制バス通学のせいで、今でも黒人に対して良いイメージを持っていません。握手するのも嫌です」と明言していたほどだ。リベラル派の大物議員だったエドワード・ケネディ連邦上院議員は、同じアイルランド系であったにもかかわらず、この七〇年代に強制バス通学を支持したという理由から、二〇〇九年に他界するまで同地区では不人気だった。

思想家ジャン・ボードリヤールは遺作『悪の知性』(塚原史・久保昭博訳、NTT出版、二〇〇八年)のなかで、「世界とは、われわれが考えているようなものではない。逆に、世界のほうがわれわれのことを考えているのだ」と挑発し、啓蒙主義的・合理主義的・進歩主義的な「善の知性」(知性主義)の過信を戒めている。

もしアメリカ社会が分裂するとすれば、それは多様性のためではなく、むしろ保守であれリベラルであれ、原理主義的なイデオロギーが、何ら自省も妥協もないまま押しつけられる時かもしれない。

4　多様性と市場主義

小作人化に抗して

多様性を歪め得るもう一つの力学は市場主義である。

私が二〇〇五年に訪れたモンタナ州ビッグ・ティンバーで農牧業を営む一家は、朝から晩まで実に多忙な日々を送っていた。乾草の取り入れから、柵の修復、取引先との電話、番犬の世話に至るまで、牛四〇〇頭と羊二〇〇頭を育て上げるための仕事は尽きることがない。それにもかかわらず、銀行からの借金は一向に減らないという。一家の主は「農牧業を取り巻く環境が激変したね。今では、作物が製品になるまでに、つまり牛がステーキになるまでに、巨大企業が三つも中間に入っているから、私たちの取り分がどんどん削り取られてしまうのさ。この一〇年間で牛肉の小売価格は五〇%以上も上がったけど、牧場までその利益は滴り落ちてこないってわけだよ」と嘆いていた。

モンタナ州ビッグ・ティンバーの広大な土地で農牧業を営む一家(著者撮影)

ザ・ネーション誌(二〇〇〇年一一月二〇日号)は、飼育から屠畜、処理、加工に至るまで、四つの巨大食肉会社が全米の八〇%以上の食肉流通を寡占していること、その結果、「牧場のフランチャイズ化」と「農民の小作人化」が進んでいることを伝えている。そして、その元凶は、一九八〇年代のレーガン政権下における規制緩和によって、飼育場から屠畜場、スーパーマーケットに至るまで「戦略的連携」や「垂直的調整」が進んだ点にあるとしている(もっとも、実際には、八〇年代の寡占率はまだ四〇%未満であり、むしろクリントン政権下の一九九六年に制定された市場志向型の農業法の影響が大きい)。かつてのソ連を思わせるような中央集権化ともいえるが、その主役は「共産党」ではなく、「巨大企業」というわけだ。

少しでも低価格で製品が供給されることは、消費者にしてみれば有り難い話だが、農家にとっては、常に業者から低価格で買いたたかれ、買い付け提示価格に応じない場合は、将来の買い取りを拒まれる恐怖を意味する。その結果、農家は成長ホルモンや遺伝子組み換えの穀物飼料(トウモロコシや大豆)などを用いることで、少しでも飼育効率を高めようとするが、過剰な生産が逆に価格を下げてしまうという悪循環に陥りかねない。

この一家の場合、他の零細農家と協同組合を作り、生産過程や品質に関する認証制度を設けることで、「顔の見える農業」として付加価値を出そうとしている。協同組合という発想は、アメリカでは意外と歴史が深く、たとえば、発明家、起業家、そしてアメリカ建国の父の一人として名高いベンジャミン・フランクリン(一七〇六〜九〇年)は、実は、「相互保険の父」でもある。彼は、火事が多かったフィラデルフィアで任意の組合制度を創設した。政府も市場も適切に機能しているとは見なされていない昨今、協同組合は一段とその重要性を増している。

アメリカでは、一九九〇年代から、都市の周辺部を中心にファーマーズ・マーケット（農家直売市場）や「地域が支える農業（Community Supported Agriculture）」が盛り上がりを見せている。米農務省によると、一九九四年には一七五五だったファーマーズ・マーケットの数は、二〇〇九年には四八〇〇に増加している。日本の「地産地消」の考え方も影響を与えたとされる「地域が支える農業」の登録農場数も、二〇〇六年の一三〇八から、二〇〇八年には二二三六へと急増している。これらの農場は、非営利法人や協同組合の組織形態を採ることによって、それまですべて各農家が直接負っていた農場経営の責任を、少なくとも形式的には、切り離すことが可能になる。

飼いならすか、飼いならされるか

今日のアメリカ社会において、市場主義の論理と力学から自由に生きることは、不可能とはいわないまでも、相当に困難である。市場に飼いならされることなく、逆に、どう市場を飼いならしてゆくか。これは多様性の観点からもますます重い問いとなっている。

インディアン・カジノなどはその好例だ。

財政難に苦しむ連邦政府は、一九七〇年代後半から、部族政府への援助を削減する代わりに、カジノ産業への参入を許可・促進することによってインディアンの経済的な発展と自立を促す方策へと転じた。全米インディアン賭博協会(NIGA)によると、二〇〇九年の時点で、連邦政府によって承認された五六四部族のうち、二八州の二三七部族がカジノ経営に携わっており、五〇万人の雇用を創出している。その総収益はラスベガス全体のギャンブル収益を凌駕するという。二〇〇五年にはカリフォルニア州のシクァン族の寄付により、サンディエゴ州立大学にアメリカの大学初のインディアン・カジノ学科が設立されている。

全米最大の収益を記録しているのはコネティカット州のマシャンタケット・ピクォート族。一九九二年にオープンした「フォックスウッズ・リゾート・カジノ」は、ボストンとニューヨークの間という地の利の良さも手伝って、年間収益は一〇億ドル以上、西半球最大の規模を誇っている。フィラデルフィアやバハマへの進出も検討されている。

部族の人口は九〇〇人だが、二〇〇六年に私が訪れた時点で、カジノで働く従業員は一万五〇〇〇人を超えていた(うち部族出身の従業員はわずか三〇人程度)。莫大な収益金の配当により、たとえば、一八歳の子弟には一人当たり年間一〇万ドルが支給されていた他、大学卒業までの全学費が保証され、かつ進学のためとあれば、個人チューターの費用まで賄われていた。私がボストンから訪れた際は、何と往復リムジンで送迎してくれたほどだった。

彼らはマシャンタケット・ピクォート族の博物館の建設に二億ドルを投じ、かつ、ワシントンDCのスミソニアン博物館群の一部として二〇〇四年にオープンした「アメリカ・インディアン博物館」の建設にあたっては、総予算一億一〇〇〇万ドルのうち、一〇〇〇万ドルを寄付した。これは同博物館の目標募金額の四分の一に相当する。

マシャンタケット・ピクォート族は一九七〇年代には消滅の危機に瀕しており、連邦政府に承認されたのは一九八三年になってからだった。当時の族長は、一九八六年に中国系マレーシ

（上）西半球最大の規模を誇る「フォックスウッズ・リゾート・カジノ」
（下）同カジノ内にある児童発育センター．右横にあるのは多くのインディアン部族が尊ぶ亀の形をした文化ホール(いずれも著者撮影)

ア人の投資家からカジノ向けに三億ドルの資金を調達してもらうまで、トレーラーハウスで暮らすほど困窮していた。その同じ人物が、クリントン政権時代には民主党全国委員会に総計八〇万ドルの政治献金を行い、ホワイトハウスの「リンカーンの寝室」に招待されるまでになった。まさに「アメリカン・ドリーム」の体現者といえる。

インディアン・カジノの場合、インディアン賭博規制法によって、収益の少なくとも七〇％は部族社会に還元することが義務づけられている。カジノによって経済的な利益や部族人口の増加、自尊心の回復といった諸々の恩恵を得ている面は否定できない。

しかし、市場に依存するがゆえの不確実性やリスクにも晒されていることもまた否定し難い事実である。

部族のメンバーへのアクセスは厳しく部族の掟で制限されているが、内部に詳しい人物によると「急に金持ちになったため、自分が何者か迷っている者や、物欲に囚われてしまった者もいる」とのことだった。

二〇〇六年からは近隣のカジノとの競争が激化する一方、米経済全体の低迷や金融危機といった不遇も重なり、二〇〇八年には二〇億ドルの負債を抱え、七〇〇人が解雇されるに至った。収益も二〇〇四年のピーク時から一三％以上減少し、部族への配当も激減しているという。

「フォックスウッズ・リゾート・カジノ」の場合、車で一〇分足らずの距離に、別の部族が経営する巨大カジノがあるが、ライバル関係にある部族の市場参入・拡大を阻止しようとする動きは決して珍しくない。より高い配当金を求めて裕福な部族へ帰属変更する者や、賭博への依存症状態に陥ってしまう者も後を絶たない。そもそも、インディアン・カジノの総収益の半分は二〇前後の「勝ち組」部族によってもたらされており、実際には、むしろ経営が低迷しているケースが圧倒的に多い。部族間の格差拡大や伝統的な精神文化の腐食を危惧する声も根強い。一攫千金を夢見る白人の欲望の犠牲になったインディアンが、まさに同じ欲望によって自らのアイデンティティを喪失してゆくとすれば、それはあまりに皮肉である。

民主主義やグローバリゼーション同様、市場そのものを悪と見なす必要はなかろう。しかし、その不確実性やリスクをどこかで抑制する制度や規範が失われるとき、市場もまた原理主義の一形態として、アメリカ社会の多様性を脅かし、そして蝕んでゆく。

第五章　アメリカニズム再考

アメリカ合衆国に

アメリカよ　おまえは
われわれの古い大陸よりはるかにいい
崩れかかった城館も
風化した玄武岩もないのだ

生きいきとした現代のいぶきのなかで
ひとのこころも
むだな追憶やむなしい争いに
さいなまれることはない

あかるい現在をあくまで享受するがいい
やがて子孫たちが詩作にふけるようになっても
このましい歴運にまもられて
騎士・盗賊・亡霊などの物語をかかぬよう祈る

ヨハン・ヴォルフガング・フォン・ゲーテ，飛鷹節訳
(『ゲーテ全集』第2巻，潮出版社，1980年所収)

1　強烈な自意識

「国外」に投影される「国内」

アメリカ国内の多様性を脅かす原理主義と市場主義は、しばしばアメリカ国外にも投影されてきた。「国内」の論理や力学の延長線上に「国外」を想像してしまうことは、大なり小なりどの国にも見られることであり、やむを得ない面もあるが、「国内」と「国外」の境界線が揺らぐグローバル化の時代にあっては、多様な価値観に基づく世界を築いていくうえでの障壁にもなり得る。

たとえば、ブッシュ大統領は、政権誕生からわずか二日後に、米国際援助庁（USAID）に対し「国内外を問わず、人工妊娠中絶や、それを広めようとする活動のために税金は使われるべきではない」とする最初の大統領令を発令し、人工妊娠中絶に関与する国際活動団体への政府資金援助を禁じた。アメリカ国内の「文化戦争」がそのまま外交のスクリーンに投影された典型例といえる。

二〇一〇年九月には、信者数五〇人足らずのフロリダ州の小さなキリスト教会が、イスラム教の聖典コーランの焼却計画を宣言したことを受け、アフガニスタンやインドネシアなどでこの計画に抗議する激しい反米デモが起きた。今日、こうした国内向けの発言は直ちに国際的な影響力を帯びることになる。

もっとも、そのリスクは保守派の言動のみに限定されるものではない。たとえば、「文化戦争」において、保守派のイデオロギーの対極を成すリベラル派の多文化主義についても一定の留保が必要だ。

確かに、多文化主義は「差異への承認」や「差異への権利」を強く志向する点で、多様な価値観により開かれた、公共的な道徳性と正当性を有するかもしれない。しかし、その「公共性」の公共性——つまり、アメリカ(あるいは国家の公式の政策として強く推進されているカナダやオーストラリアといった地域)を超えたところで、どの程度の普遍性を持ち得るのか——については慎重な議論を要する。

越境や混血による文化的な異種混交がごく日常的に行われている地域。国民共通の言語や教育の普及など国家建設そのものを急務としている地域。宗教や言論の自由すら保障されていない地域。文化を主張するための経済的基盤すらままならない貧困地域。こうした地域にとって、多文化主義が掲げる理念は、「普遍的」というよりは、「地域限定的」なイデオロギーないしレトリックにしか聞こえない可能性もある。たとえその理念が人類全体の目指すべき究極目標であるとしても、性急に「普遍」から語り始めることは、それに対するローカルレベルの反発や反動の可能性も含め、逆効果ですらあるかもしれない。多文化主義が原理主義化してしまう逆説を回避するためにも、多文化主義そのものを相対化すること、すなわち多文化主義の「多文化」化が欠かせない。

市場主義がアメリカ国外に強く投影されてきた点については多言を要しない。日本でも、一九八〇年代の対米貿易交渉によって、大規模小売店舗法の撤廃・改正を迫られ、「規制緩和」の名のもとに、アメリカ型のショッピングモールが各地に建設され、地元の商店街や伝統産業に大きな影響を与えたことは記憶に新しい。

ミネソタ州にある全米最大規模のショッピングモール「モール・オブ・アメリカ」(2007年5月23日，suite101.com より)

社会学者サスキア・サッセン（コロンビア大学教授）は『グローバリゼーションの時代』(伊豫谷登士翁訳、平凡社、一九九九年)のなかで、「過去二、三〇年におけるグローバル経済での合衆国の支配とは、民間企業の法形成による法のグローバリゼーションが商法のアメリカナイゼーションの形態をとってきた」と述べているが、市場主義の言説は、アメリカのビジネススクールやロースクールなどを通して、世界各地に流布していった。

トクヴィルの懸念

元来、アメリカには、その巨大な国力と国内の多様性ゆえに、逆に、世界の多様性そのものを自己と同一視しやすい傾向がある。自国を「世界の縮図」と見なす発想――つまり、自己の特殊性をその普遍性に見出す発想――には根強いものがある。

「アメリカ例外主義」ないし「アメリカニズム」とも称されるこの発想は、アメリカのナショナリズムの基盤を成すものでもある。ナショナリズムといっても、アメリカの場合、特定の宗教や民族ではなく、自由、平等、人民主権、法の支配といった、啓蒙主義思想に基づく、より普遍性の高い理念に根ざしている点を特徴とする。それゆえに、民族‐宗教的(ethno-religious)なナショナリズムと区別するため、市民的ナショナリズム(civic nationalism)ないし愛国主義(patriotism)と称されることもある。

しかし、呼称は何であれ、その根底に強烈な自意識があることは疑いなく、皮肉にも、そのことがかえって多様な価値観に基づく世界の構築を阻んでいるように受け止められることも少なくない。

ハーバード・マガジン誌(二〇〇四年一・二月号)は、トクヴィルが一八五二年にハーバード大学から名誉学位を授与された際、ジェアード・スパークス総長宛にしたためた私信が同大で見つかったことを報じている。そのなかで、トクヴィルは、彼自身がフランスの外務大臣(一八四九年)として接したアメリカの外交政策について、次のように懸念している。

アメリカが畏れるものは己自身に他ならない——つまり、民主主義の乱用、冒険と征服の精神、己の力に対する思い入れと過剰な誇り、そして若さゆえの性急さである。(中略)ヨーロッパに軽々しく口論を挑んではいけません。(中略)アメリカを困難に導くでしょうし、国内情勢にも予期せぬ余波をもたらすでしょうから。(英文原著より筆者訳)

同時多発テロの直後に国際社会から寄せられた同情——パレスチナ自治政府のヤセル・アラファト議長もアメリカ人犠牲者のための献血の呼びかけに参加したとまで言われる——が、アメリカ国内のネオコンサーバティヴ(ネオコン)を中心とした勢力によって流用されるなかで、次第に世界的な反米・嫌米感情へと変容していったことは記憶に新しい。

トクヴィルの『アメリカのデモクラシー』は、一九三〇年代にはファシズム批判として、一九五〇年代にはマッカーシズム批判として、リベラル派から広い支持を受けた(近年は、市民参加や市民社会をめぐる議論のなかで再評価が進んでいる)。しかし、一九八〇年代になると

「伝統的価値」の擁護、あるいは左翼的な全体主義への批判として、逆に、保守派によって引用されることが多くなった。とりわけ、同時多発テロ後は、アメリカ民主主義の擁護・礼賛として、いわゆるネオコンによって参照されることが増えたが、トクヴィルの私信が示唆するのは、実はむしろネオコンへの警鐘といってもよい。

ダブルスタンダード

アメリカ例外主義やアメリカニズムが国外に投影される際、常に問題になるのは、その帝国的な覇権拡張と、その背後に見え隠れするダブルスタンダード（二重基準）に対する批判である。国際政治学者スタンリー・ホフマン（ハーバード大学教授）は「後退するアメリカ（"America Goes Backward"）」と題する論考（ニューヨーク・レビュー・オブ・ブックス紙、二〇〇三年六月一二日付）において、次のように指摘する。

世界で高まりを見せている反米主義は、唯一の超大国に対する反発、左派と右派の決まり文句、われわれの価値に対する嫉妬や憎悪だけによるものではない。しばしば、それはアメリカの二重基準や二枚舌、鈍感な無知と傲慢さ、誤った前提と怪しげな政策に起因している。

（英文原著より筆者訳）

とりわけ、ホフマンは、アメリカが数多くの地域において、自ら掲げる理念に背く政策を展開してきた点を批判する。

グアテマラ、パナマ、エルサルバドル、チリ、一九六五年のサントドミンゴ、軍政下のギリシャ、パキスタン、マルコス時代のフィリピン、一九六五年以降のインドネシア、王制時代のイラン、サウジアラビア、ザイール、そして、もちろん南ヴェトナム。米国がこれらの体制を支持したことで、反体制側はショックを受けた――そして、米国が損得勘定を変え、かつての同盟者を切り捨てたときには、私たちが支持した者たちさえ失望、あるいはさらにひどい感情をもった。この、自由を喧伝するウィルソン的な建前の背後にある狡猾なマキアベリ的なたくらみのために、潜在的な友人と同様、多くの依頼人が遠ざかり、いくつかの系統の反米主義が世界中に生まれたのである。

（「なぜ米国は嫌われるのか」『世界』二〇〇二年四月号）

元来、アメリカ例外主義やアメリカニズムは、啓蒙主義思想に基づく、普遍性の高い理念に根ざしているがゆえに、国際主義や人道主義への動機を付与する論理でもあった。

たとえば、第一次世界大戦中の一九一八年にウッドロー・ウィルソン大統領がアメリカ議会で行った一四カ条提案(民族の自決、植民地住民の擁護、世界平和維持のための国際組織創設など)は、その前年のロシア革命の成功に衝撃を受けたアメリカ国民(とくに労働組合)に対して高い倫理観を示すことを意図したものだったが、その提案内容そのものはアメリカ一国を超えた理想主義を包含していた。

しかし、狭義の国益追求にひた走るとき、アメリカ例外主義やアメリカニズムは「正義」と「普遍性」を装った偽善や過信に矮小化され、説得力と魅力を喪失することになる。

同時多発テロが凄惨極まりない事件であったことは多言を要しない。しかし、そのちょうど二八年前の一九七三年の九月一一日にチリで起きた軍事クーデター(サルバドール・アジェンデ大統領率いる社会主義政権が、アメリカの支援を受けた軍部によって転覆され、アジェンデが暗殺された)が想起されるとき、同時多発テロの悲しみのなかにも、アメリカのダブルスタンダードが深い影をもたらすことになる。

ブッシュ政権が、「テロとの戦い」という戦時下にあることを理由に、「敵性戦闘員」と見なす人びとを無制限に拘束できる場としてキューバのグアンタナモ米軍基地の収容所を使用したことや、アメリカ国内における市民的自由を制約する愛国者法を制定したことも、こうしたダブルスタンダードの象徴として批判された。オバマが就任演説で「私たちの共通の防衛については、「安全と理想とを天秤にかけるという誤った選択を拒否する」と述べたのは、ブッシュ政権への皮肉であると同時に、「法の支配」の原則に回帰しようとする意思の表れだった。

こうしたダブルスタンダードがアジア、アフリカ、中東、中南米などの戦争や内戦、クーデター、民族紛争へのアメリカの介入に対して用いられてきた点について、政治学者・古矢旬（東京大学教授）は『アメリカ　過去と現在の間』（岩波新書、二〇〇四年）のなかで、以下のように述べている。

フセイン大統領と握手するラムズフェルド（当時レーガン政権の中東特使，左端）．イラン・イラク戦争でアメリカはイラクを支援した（1983 年 12 月 20 日）

> 歴代のアメリカの政権は、かりに自由や民主主義や人権の観点からみて問題のある権威的な抑圧的体制をとっていたとしても、冷戦の地政学に照らして重要性を有し、反ソ反共の旗幟を鮮明にする国家であれば、これを同盟相手とし、軍事援助や経済援助によって支持することにやぶさかではなかった。

こうしたダブルスタンダードは他の国々にも見られる特徴かもしれないが、古矢が指摘するように、リベラル・デモクラシーの盟主を自負するアメリカにとっては、自らの矛盾を際立たせ、アメリカの正当性そのものを蝕むものとなりかねない。

土着の反共産主義勢力への秘密裏の財政援助や武器供与、プロパガンダ、ストライキ、デモの挑発、テロ、ゲリラ活動、要人の暗殺など合法、非合法あらゆる可能な手段をとおして、特定国家の内政をアメリカに有利に動かすことを目的としていた。それらの秘密作戦ほど、冷戦期の「自由の帝国」の逆説——すなわちそれが表向きに掲げる自由や民主主義や人権といった普遍的理念を世界大に実現するためには、それらの理念に真っ向から違背する手段を駆使せざるをえないという逆説——を雄弁に物語る事実はない。（同右）

2　帝国論

丘の上の町

もちろん、アメリカのナショナリズムの基盤として、アメリカ例外主義やアメリカニズムは、アメリカ国内においてまず鼓舞されてきた。

たとえば、一七世紀前半、プロテスタントの指導者ジョン・ウィンスロップが新大陸へと向かうアルベラ号上で説いたとされる「私たちは丘の上の町になるべきだ」という一節は、今日でも、為政者によってしばしば引用される。とりわけレーガン大統領は、アメリカが共産主義者による全体主義の拡大から世界を守るという崇高な使命を神から与えられた「丘の上の町」であると繰り返し、任期最後の公式演説「別れの演説」もこの一節を引いて締めくくったほどだった。

また、「丸太小屋からホワイトハウスへ」を体現したリンカーン大統領に象徴される、立身出世の「アメリカン・ドリーム」の語りも、常に更新されながら、国民を鼓舞し続けている。そのリンカーンがアメリカを形容した「地上で最後で最良の希望」や、国立戦没者墓地の奉献式で行ったゲティスバーグ演説（一八六三年）のなかの「人民の、人民による、人民のための政治」といった台詞も定番だ。独立宣言や合衆国憲法、国歌、国旗への忠誠を誓う儀礼や言説は日常生活に溢れている。

しかし、アメリカの国家建設や国民統合の過程において、インディアンの虐殺、黒人の奴隷搾取、女性参政権導入の遅れ、日系アメリカ人の強制収容といった矛盾する過去があったことは確かだ。たとえば、冷戦中の一九六三年、マーティ

第二次世界大戦中のマンザナ日系人強制収容所（カリフォルニア州，1942年3月7日，The National Archivesより）

ン・L・キング牧師らが人種差別撤廃を求めてワシントン大行進を行った際、ソ連のタス通信は「二〇〇〇万人もの黒人を搾取してきたアメリカ社会の醜い現実」と大々的に報じている。アメリカとしてはその「醜い現実」を昇華するためにも理想を掲げ続けなければならないが、声高に叫べば叫ぶほど、現実とのギャップが露呈されるというジレンマを抱え込むことになる。

帝国的動機の行く末

そしてまた、声高に叫べば叫ぶほど、アメリカの理想の「外」に存在する集団や国家を「他者」にせしめる衝動も強くなると同時に、自らの思想や理想の優位性を確認・確保すべく、警察監視や予防行動、体制変革などを通して、その「他者」を包摂しようとする誘惑も高まる。しばしば共和国と古典的帝国(前近代的帝国)の親和性が指摘されるのは、どちらもこの動的原理を共有しているからだ。

もともと共和国は、啓蒙主義思想に基づく自治精神を基盤とするとともに、啓蒙主義の持つ普遍性・普遍化への意思を内包している。かたや、古典的帝国の特徴は「完結した一つの世界」として自らの統治を提示する態度にある。それゆえ、帝国の内部では民族・宗教・言語的な多様性について比較的寛容なのに対し、帝国の外部については、その存在を積極的に認めることはなく、しばしば征服や略奪の対象にすらなった。共和政と帝政では政体の主体がまったく異なることは自明だが、実は、動的原理そのものは類似している。そのことは、古典的帝国の典型だと考えられているローマ帝国が、もともとはローマという共和政の都市国家から派生したことにも見てとれる。

帝国には、古典的帝国（前近代的帝国）とは別に、植民地帝国（近代的帝国）という形態もあるが、こちらは一九～二〇世紀に行われたような、中核となる国民国家（列強）による領土拡張や植民地経営を特徴とする。一般的に、古典的帝国と比べると、従属地の待遇などは著しく不平等で、しばしば反乱の原因となった。

アメリカは、元来、イギリス帝国を否定して生まれた反帝国の共和国——トマス・ジェファーソンの言葉を借りれば「自由の帝国」——だが、「明白なる天命（Manifest Destiny）」のスローガンのもと、インディアンの部族国家の制圧や米墨戦争などによる領土拡張を続け、フロンティアが消滅した一九世紀末以降は海洋国家として西進、米西戦争によってフィリピンを〝公式〟の海外植民地とするに至った。ヨーロッパ列強や日本と比べると限定的であるにせよ、確かに近代的帝国（いわゆる帝国主義国家）としての時

左から２番目がフィリピン駐留の米軍司令官＝実質的なフィリピンの植民地総督のアーサー・マッカーサー（ダグラス・マッカーサーの父）（The National Archivesより）

代が存在した。

米西戦争以後は、海外植民地の領有に対するアメリカ国内の反発もあり、むしろ門戸開放型の海外展開が主流となり、〝非公式〟な帝国としての色彩を強めていった。第二次世界大戦以後は、アメリカ自身、植民地の解放を推進する外交的立場を基本とした。

やがて、冷戦終結とともに、ソ連を盟主とする、もう一つの〝非公式〟な帝国が崩壊すると、ブッシュ(父)大統領は「新世界秩序」の到来を謳い、アメリカの覇権は急速にグローバル化していった。そのさまは、まさに古典的帝国の動的原理を想起させるものであり、とりわけ同時多発テロ後、ブッシュ大統領によって発せられた「テロとの戦い」「文明の戦い」「進歩と多元主義と寛容と自由を信じるすべての人びとの戦い」「民主主義のグローバルな普及」といった勇ましいレトリックの数々は、その帝国的動機の行く末を案じさせるものだった。

そもそも「テロ」という行為に明確な終わりがあるとは想定しにくく、どこまでも拡大解釈し続けることが可能だ。「テロとの戦い(War on Terror)」というレトリックが、アメリカ国内の「犯罪に厳しくあれ(Tough on Crime)」という厳罰化のレトリックと呼応し、国内政治と国際政治の境界線を内破しながら、金科玉条の響きを持つに至ったゼロ年代のアメリカは、あたかも「新世界秩序」が恒久的な戦時体制と同義であるかのような印象を与えた。

国際政治学者ジョセフ・ナイ(ハーバード大学教授)が「ソフトパワー」の重要性を強調した

のは、ネオコン主導のタカ派の理想主義が、かえって世界各地の反米・嫌米感情を刺激することを懸念したからだった。しかし、その「ソフトパワー」という概念そのものが、ナイ本人が意図した概念上の中立性とは裏腹に、あたかもアメリカの帝国的動機のカモフラージュであるかのように受け止められることも少なくなかった。ソフトパワーが受け手の認識に左右される点を指摘したのはナイだが、まさに「ソフトパワー」という概念そのものが、認識をめぐるポリティクスのなかに巻き込まれていったのは、いかにも皮肉だった。

3 アメリカの省察

オバマの諫め

ブッシュ政権から「帝国」としてのアメリカを引き継いだオバマだが、「神が誰の側にいるかよりも、我々が神の側にいるようにしたい」と語り、アメリカの正義を絶対視する風潮を諫めたことは第一章で紹介した。就任演説のなかでも「先人たちは自らの力だけが自分たちを守ったのではないことも、その力が、自分たちが好きなように振る舞う資格を与えたのでもないことを理解していた。その代わりに先人たちは、自らの力は慎重に使うことで増大し、自らの安全は、大義の正しさ、模範を示す力、謙虚さと自制心から生まれると知っていた」と省察し

ラインホルド・ニーバー（nytimes.com より）

ている。

もちろん、アメリカという「理念の共和国」のリーダーである以上、オバマといえども、アメリカ例外主義やアメリカニズムの発想から完全に自由でいることは難しい。しかし、そうした発想に対して抑制の強い点が、ブッシュとの決定的な違いかもしれない。そこには彼自身の出自をめぐる葛藤や、シカゴ時代に直面した貧困地区の重い苦悩が影を落としているのかもしれない。

ただ、思想的に一つの手がかりになるのは、オバマがプロテスタントの神学者ラインホルド・ニーバーから影響を受けていることを自認している点だ。ニーバーは冷戦中の一九五二年に『アメリカ史のアイロニー』を著したが、そのなかで「自己満足的に長所を頼りにしすぎると、皮肉なことに長所が短所に変わる傾向がある」「最も邪悪なものの短所と、最も善良なものの長所との間には、目に見えない類似性がある」といった警句を綴っている。ソ連の掲げる原理主義の脅威に対して、別の原理主義を以て応じてはならないこと。アメリカはあくまで冷静な国益の判断によって動くべきであり、遠大なる使命感に突き動かされてはならないこと。仮想敵を意識しすぎると、いつしかそれが本物の敵になってしまうこと。アウグスティヌスの神学の影響を受けたニーバーの思想の根底には、人間の行動に伴う本質的な罪悪感が横たわっている。

独善的な「テロとの戦い」によって、かえってテロを拡散させ、穏健なイスラム教徒を「殉教者」にせしめてしまうようでは、まさに「アメリカ史のアイロニー」として後世に記憶されることになるかもしれない。

アイロニーの伝統

もっとも、アメリカ史においては、ニーバーが有していたような「アイロニー」への鋭敏な視点が常に存在してきたのも確かだ。

たとえば、ジェームズ・マディソンら建国の父が書いた『ザ・フェデラリスト』(一七八八年)には民主主義への深い警告が含意されているし、ジョン・クインシー・アダムズ国務長官(のちの第六代大統領)は一八二一年の独立記念日の演説のなかで有名な一節を残している。

(真のアメリカは)怪物を退治するために国外に出ていくことをしない……ひとたび他国の旗の下で戦えば、それがたとえ他国の独立を目指す旗であったとしても、国益と陰謀、そして自由の旗を装い、あるいはその旗を奪い取る私的な欲望や羨望、野望のための戦いにことごとく巻き込まれて、抜け出せなくなるとわかっている……そうなればアメリカは世界の独裁者になり、アメリカ的精神を失う危険がある。

（ヴォルフ・レペニース「ヨーロッパとアメリカの展望」『アステイオン』二〇〇七年No.67）

ミズーリ州出身のサミュエル・ラングホーン・クレメンズは、フィリピンを併合した米西戦争に象徴されるアメリカの帝国主義的な膨張政策を痛烈に批判し、反帝国主義同盟（American Anti-Imperialist League）の副会長を務めた。作家でもあった彼のペンネームはマーク・トウェイン。一九〇一～〇二年のある時期に執筆された遺稿「エディパス、世界帝国の隠された歴史」は、アメリカ帝国主義に対する警告の書でもある。

のちに、イェール大学から名誉学位を授与された際、帝国主義政策を推し進めたセオドア・ルーズベルト大統領と居合わせた。大統領が「トウェインのような人間は、皮を剝いで見世物にしたい」と挑発したのに対し、トウェインは「大統領はいくつかの点で正気を失っているが、戦争の方針、そしてその勝利を至上の栄光とする考え方は最悪だ」と反論した。

ちなみに反帝国主義同盟（一八九八～一九二一年）には、哲学者のウィリアム・ジェームズやジョン・デューイ、〝鉄鋼王〟アンドリュー・カーネギー、労働運動指導者のサミュエル・ゴンパースといった著名人も数多く名を連ねていた。

外交専門家ウォルター・ラッセル・ミード（米外交問題評議会シニア・フェロー）はナショナル・インタレスト誌（一九九九／二〇〇〇年冬号）において、アメリカの対外政策に特徴的な四つの伝統を抽出している。

①　国益と通商の実利を巧みに追求するハミルトン主義。

②　独立独歩を重んじ、国益追求のためには威圧的手法も辞さないジャクソン主義。

③　普遍的な理想の普及によって世界を先導しようとするウィルソン主義。

④　他国にとっての模範となることで理想の普及を目指すジェファーソン主義。

大雑把にいえば、①と②は現実主義、③と④は理想主義という括りも可能だが、①〜③がアメリカの国力や正義を信じているのに対し、④はより懐疑的・自制的である点が特徴だ。事実、ジェファーソンは大統領就任演説のなかで「賢明でつつましい政府」を提唱し、自らが判断を誤るおそれについても謙虚に認めている。アメリカ外交にはこうした「アイロニー」に開かれた伝統も存在するということだ（ちなみに、ミードの分類に従えば、ブッシュ外交は②と③の融合型、オバマ外交は①と④の融合型と対比できそうである）。

二〇世紀を代表するイギリスの思想家アイザイア・バーリンは、その有名な講演「理想の追求」（一九八八年）において、絶対的な理念のあくなき追求がもたらす陥穽に対する警鐘を鳴らした。保守であれ、リベラルであれ、極端なイデオロギーのもとに「理想の追求」を急ぐときほど、大いなる災いがもたらされることは、歴史の証明するところである。バーリンは、キリスト教を絶対視することなく、人間性の現実を冷徹に直視することを唱えたマキアヴェッリを高く評価しているが、それはまさにそうした理由ゆえであって、決して権謀術数的な政治手法を擁護したからではなかった。

そのバーリンはイマヌエル・カントの「人間性という歪んだ材木からは、真っ直ぐなものはかつて何も作られなかった」という言葉を愛好したという。そして、そのカントが徹底した懐疑精神と現実主義の持ち主だったことは周知の通りである。

4　アメリカへの眼差し

「反米」という原理主義

フランスの社会学者フレデリック・マルテルはフランスの元外交官で、二〇〇一年から四年間、在米フランス大使館の文化担当官として全米三五州をまわり、文化関係者を中心に約七〇〇人へのインタビューを行い、『超大国アメリカの文化力』(根本長兵衛・林はる芽監訳、岩波書店、二〇〇九年)を上梓した。そのなかでマルテルは、こうしたアメリカの省察力、すなわちアメリカ例外主義やアメリカニズムの過剰を自ら制してゆく力について、次のように述べている。

アメリカは自らの世界支配に対する批判さえも生み出している。ハリウッド映画やマスカルチャーを最も厳しく過激に批判する人々に出会うのは、アメリカにおいてである。彼らは、独立系の映画や世界の様々な文化を護るために街頭に立ち、イラン映画祭や日本映画祭を組織し、ネイティヴ・アメリカンのアイデンティティ喪失を告発し、民族音楽や「カントリー」音楽のために戦う。ジャン＝リュック・ゴダールの反米主義が最も大きな関心を呼ぶのはアメリカであり、ヨーロッパ人が機能不全になったアメリカの証人として傾聴するのはマイケル・ムーアの話なのだ。

そればかりか、アメリカは反米主義の思想や批評に関する知的枠組みを自ら作りだし、世界各地のアメリカ論に多大なる影響を与えているという。

アメリカの文化帝国主義に対する非難が続々と生まれるのは、大学の「カルチュラル・スタディ」学科や（一般に、アメリカ・モデルに対する左翼的批判が生まれるのも大学である）、保守性の強い財団においてなのであり（ソウル・ベロウからアラン・ブルームにいたる、ヨーロッパ文化のエリート主義を高く評価する右翼批評が生まれるのも財団である）、

あるいはまた黒人コミュニティ、さらにヒスパニック系、アジア系そしてゲイのコミュニティにおいてである。（同右）

こうした知的状況を前にマルテルはこう総括する。

したがって、外国人が、とりわけヨーロッパ人がこの文化システムを分析し、あるいは批判しようとすれば、きっとアメリカ人が書いたものを参照せざるを得なくなる。これは最高の皮肉――あるいは、ほぼ完璧なアメリカ支配の最終的かつ決定的な例証にほかならない。（同右）

反米主義については、すでにさまざまな分析が試みられているが、政策的要因のみならず、構造的要因を指摘する声も多い。つまり、アメリカが政治、経済、軍事、文化の面で非対称的なパワーを有している点や、アメリカが世俗化、近代化、西洋化、グローバル化、市場主義化の象徴的存在である点などである（もっとも、世俗化と近代化に関しては、特にヨーロッパを中心に、キリスト教保守派の政治的影響力が大きく、死刑制度や銃所有の廃止に消極的なアメリカの保守性をむしろ批判する向きもある）。こうした構造的要因が、一方でアメリカへの憧憬や模倣を誘いながらも、他方でアメリカへの嫉妬や憎悪を招くことになる。左翼にとって、アメリカは資本家による労働者搾取や帝国的覇権主義の象徴であり、右翼にとって、アメリカの多民族制や民主主義は堕落の象徴となる。知識人や上流階級のスノビズム(俗物根性)としての反米主義も存在する。

こうした反米主義が忘却しがちな――意識的であるにせよ、無意識的であるにせよ――アメリカの諸相について、ホフマンは上掲の論考のなかで、以下のように例証している。

イスラム原理主義者は、第一次世界大戦時に英国がアラブ諸国に対して結んだ約束、そして一九一八年以後の英仏帝国主義の詐欺を覚えているが、一九四〇年代後半と五〇年代に、米国が仏領北アフリカの反植民地主義者に対して与えた支援はあまり覚えていない。

(前掲『世界』論文)

さらにホフマンは続ける。

原理主義者は、スレブレニツア安全地域でのイスラム教徒殺害以前には、ボスニア介入に英国は反対し、米国も気乗り薄だったということを覚えているが、一九九五年にボスニアのイスラム教徒を救うために、一九九九年にコソボのアルバニア人を助けるために、そして二〇〇一年にマセドニアのアルバニア人の権利を保全・向上するために、NATOがとった行動を忘れてしまっている。（同右）

ワシントンDCで星条旗を上下逆さまに掲げてイラク戦争開戦に抗議する人びと（2003年3月17日，©AFP PHOTO/MANNY CENETA）

近代化やグローバル化にうまく対応できない社会が、ナショナリズムやリージョナリズムを喚起し、自らの社会内部の矛盾や不平を隠蔽する口実として「反米」の旗印を掲げることもあろう。アメリカと聞くだけで「支配」や「搾取」のイメージしか抱けないとすれば、それはある種の思考停止、あるいは「反米」というもう一つの原理主義に他ならない。上述したように、原理主義の脅威に対して、別の原理主義を以て応じてはならないと戒めたのはニーバーだった。

同時に、「反米」というレッテルが——「親米」というレッテルもそうだが——それぞれの社会において政治的に捏造・流用されがちなのも、また事実である。アメリカの特定の政策への不同意を「反米」と早計する論理や力学にはとりわけ留意を要する。オバマは二〇〇四年の民主党大会の基調演説のなかで「イラク戦争に反対した愛国者がいる一方で、それを支持した愛国者もいる」と述べたが、それはアメリカ国外の「反米」や「親米」についても然りだ。

東サモアの選択

加えて、アメリカという存在が担う両義的な役割についても目を向ける必要がある。私は二〇〇六年に南太平洋のポリネシア地方にあるアメリカ領サモア(東サモア)を訪れた。同地は、ハワイとニュージーランドを結ぶ線上のほぼ中間に位置する、赤道以南唯一のアメリカの海外領土である。面積は宮古島より一回り小さく、人口は七万人弱、サモア語を公用語、英語を共通語としている。サマセット・モームの短編『雨』(一九二一年)やマーガレット・ミードの民族誌『サモアの思春期』(一九二八年)といった名作の舞台でもある。

一九二五年、当時わずか二三歳の大学院生だったミードがたった一人でフィールドワークに臨んだ離島の集落にも寄った。私を案内してくれた高位首長——ミードを村で受け入れたのは彼の父親である——はアメリカ領サモアの地区知事の一人だ。また、現在、アメリカ領サモアの「政治的地位に関する調査委員会」の議長も務めている。

同委員会が設置された背景には、国連の非植民地化特別委員会が、いまだ世界に残る一六の「非自治地域」の一つにアメリカ領サモアを挙げていることがある(アメリカ領では他にグアムとバージン諸島)。

サモア諸島は一九世紀後半の植民地化の過程で列強により東西に分割され、一九〇〇年以降、東サモアはアメリカ海軍による軍政下に入った。しかし、第二次世界大戦後、海軍の拠点がハワイに移転したことに伴い、領内の経済は急速に破綻していった。ところが、一九六一年、リーダーズ・ダイジェスト誌が東サモアの貧困と荒廃を「南洋諸島におけるアメリカの恥」と告発したことを契機に、ケネディ政権は大規模な連邦資金の投入による「上からの近代化」を推進した。今日においても、政府関連の補助金が歳入の六割、雇用が四割を占めている。

その一方、貧困率は六割、失業率は三割と非常に高く、職を求めて、高校卒業後に米軍に入隊する若者も多い。イラク戦争では東サモア出身の兵士が多く命を落としている。人口比からすると、全米でも突出した死亡率の高さだ。

ところが、アメリカ国民でありながらも、市民権が付与されていないため、東サモア人は大統領選や連邦議会選に投票することができず、グアム同様、連邦議会下院に議決権を持たない代表一人が認められているにすぎない。こうした状況への懸念から、国連は東サモアに対して、自決のための固有の権利に関する調査と協議を促しているというわけだ。

しかし、東サモアは国連に対して、「アメリカの植民地ではない」「アメリカから分離・独立する意思はない」と回答している。むしろ、イラク戦争を支持するなど、アメリカへの忠誠に揺るぎはない。政府関連の補助金や雇用の恩恵は計り知れないし、アメリカの一部であることに誇りもある。

一見、従属的かつ差別的な政治的地位についても、そこには東サモア議会の意向が働いている。東サモアは、第二次世界大戦以後、米内務省の管轄下にあるが、自主憲法を有し、地区知事や議会上院は東サモアの文化的慣習(首長制)をもとに選出されている。東サモア人以外による土地取引や領内での滞在期間は制限され、アメリカの象徴ともいえる銃の所有

(上) 東サモアの主都パゴパゴの空撮写真
(下) 東サモアの議会議事堂(いずれも著者撮影)

は禁じられている。

このように、アメリカの政治制度や法律を全て適用しているわけではないため、東サモアは現在のような特殊な政治的地位に置かれている。しかし、それは、敢えてアメリカに完全に統合しないことで、自らの尊厳と伝統を守ろうとする意図的選択でもある。前掲の高位首長によると、現地の「調査委員会」の関心も、実際には、アメリカの制度的枠組みのなかにおける地位向上にあり、独立や西サモア(一九九七年よりサモア独立国)との統一を選ぶことは、逆に、自らの地位を低めてしまうとして一顧だにしていないそうだ。ちなみにグアムでも自主憲法の草案が上程されたことがあるが、一九七九年に住民投票によって否決されており、今日では太平洋地域におけるアメリカの軍事的拠点として得られる利益を選択している。

こうした東サモアの状況を、現地社会の自律的判断ないし主体的戦略の表れと見なすか、それとも、より根源的な意味において、アメリカによる植民地的支配の継続と見なすか。恩恵者と受益者の構図を見出すか、それとも、支配者と従属者の構図を見出すか。どちらか一方に収斂させて論じることは容易いし、その知的・政治的誘惑は常に存在する。しかし、東サモアに限らず、アメリカとの関わりが深い社会にとっては、単純な白黒二元論に還元できない両義性のなかにアメリカが存在しているというのが現実なのだろう。「独立か追従かで割り切れるほどアメリカとの関係は甘くない」とは高位首長の言葉である。

公共財としてのアメリカ

こうした両義的な構図は多くの国や地域についても当てはまるのではないか。

国際政治学者・藤原帰一（東京大学教授）は『デモクラシーの帝国』（岩波新書、二〇〇二年）のなかで、国際関係の安定という観点から、アメリカが担ってきた役割を次のように評している。

アメリカ政府の行動に依存し、その受益者となる諸国が存在したことも否定できない。それがたとえ恫喝による平和に過ぎないとしても、米軍が治安維持に従事することは、決してアメリカ政府だけの利益に応えるものではなかった。

また、アメリカのイニシアティヴによってつくられた国際経済体制の運用がアメリカ企業に有利に働くことが多かったとしても、だからといって自由貿易の制度化や国際通貨体制の構築はほかの国をいつも犠牲にしてきたとはいえないだろう。アメリカ国内では、アメリカ人の生命と財産を犠牲にすることで世界が守られてきた、そう信じる人々が少なくない。

そのうえで、「公共財」としてのアメリカの存在を、より正視すべきだと説く。

強力な軍隊と、その軍隊ほどではなくても強力な通貨を持つ以上、アメリカでなければとることのできない政策領域が存在することはおそらく事実である。意図しようとしまいと、アメリカ政府の決定にはアメリカ国内への影響にとどまらない「公共的」な効果が生まれることは避けられないのである。（同右）

もちろん、アメリカ——あるいは、そのときどきのアメリカの政権——が定義する国際関係の「安定」の中身については精査する必要があろう。アメリカが掲げる「自由」「民主主義」「人権」といった概念についても然りだ。アメリカといえども、自らの置かれた歴史的・社会的文脈の制約を超えては、それらの概念を咀嚼し得ないことは自明だ。しかし、冷戦の終結とグローバル化によって、そうした概念を（少なくとも正面からは）否定できないような国際社会の規範や秩序、制度が生まれつつあることも確かであり、その過程においてハードパワーとソフトパワーの両面において覇権を握ってきたアメリカが担ってきた役割は過小評価すべきではなかろう。

現に、二〇〇八年の金融危機以降、アメリカが海外から借金をして消費をし続け、世界経済を成長させるという役割——いわゆる「世界の最終消費市場」としての役割——が維持困難となる一方、アメリカに取って代わる国がいまだ存在しない現実が、今日、世界経済の大きな混乱の一因となっている。

あるいは、今日、アメリカは世界一三〇カ国に七〇〇余の軍事基地を有しているとされるが、近年、その維持が重荷となっており、各地から少しずつ撤退する傾向にある。アメリカが史上類を見ない規模の軍事的ネットワークを世界に張り巡らせ、かなりの負担を負うことで、これまで維持されてきた国際社会の秩序が、もしも多国間協調にしろ、他の形態で担保され得るのであれば、アメリカとしては「帝国の過剰拡張」のリスクを低減するうえでも、それを望むであろう。しかし、たとえば、中国の軍事的台頭が加速し、西太平洋地域への戦略的関心を強めている現況下にあっては、周辺諸国は米軍のプレゼンス維持を不可欠と見なすのではないか。アメリカが二〇一〇年に発表した四年毎の国防政策見直し(QDR)には、米軍の行動を制約する中国の軍事能力(アクセス拒否能力)が高まっていることへの危機感が示されているが、それは単にアメリカ一国の「安定」のみに関わる話ではない。

スコットランド出身の歴史学者ニーアル・ファーガソン(ハーバード大学教授)に至っては著書『コロッサス(*Colossus*)』(二〇〇四年、未邦訳)のなかで、むしろアメリカが帝国としての責任を十分に果たしていないことを批判しているほどである。曰く、ソマリア紛争では米兵に犠牲者が出るや軍隊をそそくさと撤退させ、イラク戦争では現地の秩序を破壊したまま、すぐに撤退の議論を始めていると。ファーガソンは「現在のアメリカは帝国——しかも特異な帝国だ」としたうえで、かつての大英帝国のように、国際的な秩序や規範の形成から身を引くことなく、「真の帝国」を目指し、より積極的に関与すべきだと説いている。

現代の国際社会にあっては、核軍縮・不拡散、防災、医療、保健、教育、環境、エネルギー、貧困国支援、知的財産権といった問題群が(広義の)安全保障概念とより直接的、かつグローバルにリンクするようになっている。あたかも複雑系のように、小さな刺激が予期せぬ連鎖によってシステム全体の崩壊をも引き起こす可能性も否定できない。アメリカだけで解決できる問題はないが、アメリカ抜きに解決できる問題もない。

5 もう一つの逆説

〈帝国〉のなかのアメリカ

さらに忘れてはならないことは、アメリカの影響力がグローバル化する一方、アメリカもまたグローバル化の影響を受けているという点である。中国、インド、ロシア、ブラジルなど新興国の台頭。不法移民や頭脳移民の大量流入。パンデミック(感染症や伝染病の世界的大流行)や違法ドラッグ、国際組織犯罪。雇用の海外流出や労働ダンピング。天然資源から情報技術、知的財産、高等教育、スポーツ、ポップカルチャーに至るまで、アメリカもまた激しい国際競争の圧力にさらされている。グローバル化とは、決してアメリカからの一方通行的なプロセスではなく、逆に、アメリカを包摂してゆくプロセスでもある。

その意味で、思想家アントニオ・ネグリとマイケル・ハートが『〈帝国〉』（水嶋一憲ほか訳、以文社、二〇〇三年）のなかで示した〈帝国〉概念は示唆に富んでいる。

彼らによれば、〈帝国〉とは古典的帝国（前近代的帝国）や植民地帝国（近代的帝国＝帝国主義国家）とはまったく別物である。〈帝国〉とはグローバル資本主義による新たな支配のあり方であり、「領土や境界をもたない、中心をもたない、国民国家をも包摂する新たなグローバルな権力ないしはネットワーク」だとしている。

〈帝国〉への移行は近代的主権が終わりにさしかかったころ、その黄昏のなかから姿を現わす。帝国主義とは対照的に、〈帝国〉は権力の領土上の中心を打ち立てることもなければ、固定した境界や障壁にも依拠しない。

そして、グローバル資本主義に適応するよう、さまざまなシステムが自己生成化・自己組織化してゆくプロセスを通して、〈帝国〉の権力やネットワークはさらに拡大・強化・再生産されてゆくという。

〈帝国〉とは、脱中心的で脱領土的な支配装置なのであり、（中略）グローバルな領域全体を漸進的に組み込んでいくのである。〈帝国〉は、その指令《コマンド》のネットワークを調節しながら、異種混交《ハイブリッド》的なアイデンティティと柔軟な階層秩序、そしてまた複数の交換を管理運営するのだ。要するに、帝国主義的な世界地図の国別にきっちりと塗りわけられた色が、グローバルな〈帝国〉の虹色のなかに溶け込んでいったわけである。（同右）

マルクス主義者であるネグリとハートは、アメリカが「帝国主義的」であること、そして〈帝国〉において「特権的な位置」を占めていることを認める。しかし、〈帝国〉とはそのアメリカをも包摂するものであり、たとえ大国アメリカであってもそこから自由ではいられないとしている。つまり、アメリカといえども〈帝国〉にあっては一地方にすぎないというわけである。

合衆国の誹謗者の側は、かつてのヨーロッパによる帝国主義の諸実践を合衆国はたんに繰り返しているだけだという、辛辣きわまりない批判を浴びせることができるのだし、他方で合衆国の擁護者の側は、ヨーロッパ人たちのしくじったことを今度こそきちんとやり直せる、より有能で思いやりのある世界の指導者として合衆国を褒め称えることができるのである。しかしながら、私たちの見解はそれらとは反する。すなわち、新たな〈帝国〉の主権形態が出現している、というのが私たちの基本的な前提なのである。（同右）

そのうえで、ネグリとハートは、たとえば、イラク戦争について指摘されるような、一国中心主義的ないし帝国主義的な手法は、〈帝国〉では最初から破綻することが運命づけられているとする。

じっさいいかなる国民国家も、今日、帝国主義的プロジェクトの中心を形成することはできないのであって、合衆国もまた中心とはなりえないのだ。帝国主義は終わった。今後、いかなる国家も、近代のヨーロッパ諸国がかつてそうであったようなあり方で世界の指導者になることはないだろう。（同右）

もちろん、国民国家がただちに溶解・消滅するという話ではない。〈帝国〉に包摂される反動として、かえって国民国家の論理と力学が強化される、あるいは帝国主義的な誘惑が増すことは十分あり得る。この点は、グローバル化が国民国家の機能と権限を揺るがす一方、「ボーダーレス化の時代」というレトリックとは裏腹に、その反発としてのナショナリズム、ないしは集合的な帰属や原理的な意味への衝動を増大させ得ることと軌を一にしている。

イラク戦争そのものがこうした国民国家による反動や反発を背景に企図されたものかは想像の域を出ないが、グローバル化や〈帝国〉という大きな構造のなかで、アメリカの主権や政策を相対化してゆく視点は欠かせない。

市民的な統合原理

ここで一つ興味深いのは、ネグリとハートが、それでもアメリカが〈帝国〉において「特権的な位置」を占めているとする理由を、「異種混交的なアイデンティティと柔軟な階層秩序、そしてまた複数の交換を管理運営する」という〈帝国〉の形成原理が、世界最古の成文憲法である合衆国憲法に規定されている市民的な統合原理と共鳴する点に求めていることだ。

私たちは合衆国が、それ自身の憲法〈国制〉がもつ〈帝国〉的傾向によって、より重要な仕方で特権化されているということを見て取ることができる。ジェファソンが述べたように、合衆国憲法は拡張的な〈帝国〉のためにもっともうまく工夫されたものなのだ。（同右）

そのうえで、ネグリとハートは、合衆国憲法が「帝国主義」的なものではなく、〈帝国〉的なものである点を次のように強調する。

それが〈帝国〉的なのは、合衆国の立憲的〈政体構成的〉プロジェクトが〈自己の権力をつねに閉じた空間の内部で単線的に拡大し、支配下にある国々を侵略し破壊し、それらをその主権の内部に包摂するような、帝国主義的プロジェクトとは対照的に〉、開かれた空間を再節合し、限界のない領野を横断するネットワークのなかで多様にして特異な諸関係を絶えまなく再発明してゆくようなプロセスをモデルにして構築されているからなのである。（同右）

合衆国憲法の原文（The National Archives より）

トクヴィルは『アメリカのデモクラシー』のなかで「アメリカ人の重大な特典は、他の諸国民よりも文化的に啓蒙されていることではなく、欠点を自ら矯正する能力を持っていることにある」と述べた。もしもトクヴィルが、今日、アメリカを再訪したのなら『アメリカのデモクラシー』にいくつもの修正を書き加えるかもしれない。民族・宗教・言語の多様化、連邦政府の機能と権限の巨大化、党派対立とイデオロギー対立の先鋭化、市場主義の強権化と遍在化、社会格差の拡大、セキュリティへのパラノイア、軍事大国化……。しかし、ケニヤ出身の父親を持ち、裕福な出自でも、世襲政治家でもなかったオバマがホワイトハウスの主になった事実に、やはり市民的な統合原理の健在、そしてアメリカ民主主義における自己修正力の健在を認めるのではないか。

「わたくしはアメリカにおいてアメリカ以上のものを見たと告白する」と綴ったトクヴィルの眼差しは、〈帝国〉においてアメリカの「特権的な位置」を認めたネグリとハートのそれと、ふと重なって見える。

より完全なアメリカ人に

二〇一〇年春、オバマはミシガン州カラマズーにある公立高校の卒業式で演説を行った。演説する学校を選ぶため、オバマの呼びかけで、全米の公立高校から希望を募り、生徒たちが作成した学校のプロモーション・ビデオ等をまず一般投票で絞り込み、最後にオバマ自身が最優秀作品を選び、同校での演説を決めた。

その演説のなかでオバマはこう述べた。

もしも建国の父たちがこう言っていたらどうなっていただろう？「まあ、植民地主義はちょっと抑圧的だけど、私には害はないし、家族もみな上手くやっている。どうしてフィラデルフィアで夏を過ごし、わざわざ憲法について議論しなければならないのか」と。

たしかにフィラデルフィア憲法制定会議（一七八七年）に参加した人たちは全員無給だった。

オバマはさらに続ける。

もしも奴隷廃止論者や公民権運動の参加者たちがこう言っていたらどうなっていただろう？「まあ、人種隔離は良くないことだけど、その問題に関わることはちょっと危険だ。集会にもデモ行進にも参加する暇はない。遠慮しとくよ。上手くいくといいけど、自分で進んで参加したいことではないね」と。

こう問いかけたうえで、オバマは演説をこう締めくくった。

彼らが異なる選択をしてくれたおかげで、私たちは今日、ここにいるのです。(中略)つまるところ、そうした奉仕こそが私たちを互いに——そして、コミュニティと国に——結びつけている、かけがえのないものなのです。そのようにして私たちはより完全なアメリカ人になるのです。(中略)皆さん、ありがとう。神の祝福が皆さんにあらんことを。そして、神の祝福がアメリカ合衆国にあらんことを。

このように市民的な統合原理を自国の理念に強く重ね合わせることができるのがアメリカの強みであり、二〇世紀初頭の社会批評家ランドルフ・ボーンが「アメリカの伝統は未来にある」と述べた所以でもある。

自己修正力

私は以前、ジョージア州ディケーター(Decatur)にある「インターナショナル・コミュニティ・スクール(ICS)」という小学校を訪れたことがある。アトランタから車で一五分ほどの距離にある児童数四〇〇人ほどの学校だ。児童の半数は、ソマリア、エチオピア、エリトリア、リベリア、シエラレオネ、ブルンジ、ボスニア、イラク、アフガニスタン、キューバ、ミャンマーなど、世界三〇カ国以上からアメリカに逃れてきた難民。母語とする言語は四〇を超え、信ずる神も多種多彩だ。彼らの多くは戦争難民であり、PTSD(心的外傷後ストレス障害)や非識字の児童(そして親)も少なくない。

ディケーターのあるディカルブ(DeKalb)郡では、一九九〇年代から、毎年二五〇〇人以上の難民を受け入れており、全米でも最大規模の再定住地の一つになっている。二〇〇二年、それまで難民児童のためのボランティア活動に携わっていた著述家、有名私立校の校長、修道女の三人が意気投合し、難民児童のニーズに合った——しかし、決して彼らを地元社会から隔絶させることのない——形態のチャータースクール(公設民営型の公立学校)を設立した。言葉の壁のためPTAが組織できないなど苦労は絶えないものの、近隣の大学や地元住民からの支援もあり、児童数は順調に増え続け、学業面でも好成績をあげるなど、今ではジョージア州で最も成功したチャータースクールの一つと評価されている。

ICS発行のニュースレターの表紙(2010年4月)

全児童の半数を占める地元児童のうち、五割が黒人で、二割が白人。六割は貧困層や低所得者層に属するが、医師や弁護士、銀行家など高所得者層の子弟も少なくない。私立校へ入学させることも十分可能だが、より多様な社会的・文化的背景を持つ同年代の子どもたちや、世界の厳しい現実に触れる機会を与えるため、敢えてこの学校を選ぶ親が多いという。あらゆる差異の境界線を越えて子どもたちが育む友情を通して、親同士の交流や相互理解も深まっている。

ディカルブ郡が位置するストーンマウンテンの西側といえば、かつて白人至上主義を唱える秘密結社クー・クラックス・クラン(KKK)の一大拠点だった地域である。キング牧師も、かの有名な「私には夢がある("I Have a Dream")」という演説のなかで、「自由の鐘をジョージアのストーンマウンテンの上にも響かせよう!(Let freedom ring from Stone Mountain of Georgia!)」と謳い上げたほどだ。その地において、今日、まさにアメリカの市民的な統合原理と自己修正力を象徴する試みが企てられているのである。

同時にそれは、トマス・ペインが独立戦争中に著した『コモン・センス』(一七七六年)のなかの、「現在にいたるまで、自由は地球上のどこでも迫害されてきた。おおアメリカ人よ、この避難者を収容し、人道の起点をここに建設しようではないか」という有名な一節を想起させるものでもある。

ニューオーリンズからディケーターまでは車で八時間あまり。カトリーナ後のニューオーリンズで私が見たのがアメリカン・デモクラシーの影であるならば、ディケーターで私が見たのはアメリカン・デモクラシーの光である。そして、ニューオーリンズで私が見たのがアメリカン・デモクラシーの逆説であるならば、ディケーターで私が見たのはそうした逆説のみにアメリカン・デモクラシーを回収することの逆説である。

あとがきにかえて

アメリカ研究という分野に初めて触れてから四半世紀の歳月が流れた。半世紀、あるいはそれ以上の長きにわたってアメリカを研究されている多くの先達を思えば、自分の未熟さを恥じずにはいられない。とはいえ、四半世紀という一つの節目に拙著を上梓できたことを喜ばしく思う。

最初に企画のお話をいただいた時から、あらゆる意味において、およそ編集者に期待し得る最高のサポートを提供してくださった岩波書店の上田麻里さんに心から御礼を申し上げたい。彼女が編集者ではなくとも何かしらの本は出せたかもしれない。しかし、この本は彼女なくしては不可能だった。

岩波新書にはささやかな思い入れもある。

ハーバード大学の大学院に留学中だった一九九四年、たまたま日本への一時帰国中に購入した一冊が、進藤榮一先生(筑波大学名誉教授)の書かれた『アメリカ　黄昏の帝国』(一九九四年)という岩波新書だった。リベラリズムの牙城ともいうべきハーバードでは、当時、共和党はもちろん、民主党のクリントン政権に対しても厳しい意見が多く、私自身、政権の位置づけを上手く整理できないでいた。そんな折に拝読した進藤先生の説明は非常に明解で、いくつもの点が線でつながったような感銘を受けたことを憶えている。「初めに結論ありき」の極端なアメリカ論が好んで消費される日本にあって、アメリカで読んでも納得のゆくアメリカ論というのはさほど多くない気がする。進藤先生の岩波新書はまさにそうした一冊だった。

そんな思い出もあり、今回、私自身が岩波新書でアメリカ論を執筆させていただくにあたり、とくに意識していたのは、アメリカのどこかで拙著を読んでくださるかもしれない若い世代の方々にとって腑に落ちる論を展開することだった。その点においては、ある意味、本書は〝あの頃〟の自分に捧げられたものでもある。〝あの頃〟の私は今の私のアメリカ論に——そして、私自身に——納得するだろうか。そんな想いに苛まれている。

もっとも、私自身、アメリカ研究者としてのアイデンティティは、実はさほど強くない。基本にあるのは、あくまで人類学——しかも今日的な狭義の学問分野としての人類学(anthropology)というよりは人間学(anthropologie)——に対する関心であり、アメリカはあくまでそのためのフィールド(研究対象地域)の一つという意識が強い。

私は、学部卒業後、直に大学院へ留学したわけだが、それまで渡米経験や留学経験はなかったし、アメリカに対して強い憧れがあったわけでもない。あくまで人類学の最先端の理論を学びたかったにすぎない。

実際、日本からの多くの留学生同様、日本(ないし日系)をフィールドにすることを考えたこともある。しかし、恩師であるヌール・ヤルマン教授と故デヴィッド・メイブリー＝ルイス教授から「私たちとしては、日本から来た君には、日本のことではなく、アメリカのこと、とりわけ、この社会の主流にいる人たちのことを研究することを期待しているのですよ」と半ば背中を押される形で、ボストンでフィールドワークを三年ほど行い、アメリカ研究に本格的に関わるようになったというのが偽らざる経緯である。幸い、地域研究という分野には、私のような者にも居場所を与えてくれる懐の深さがある。それでも、依然として、アメリカと向き合うことは、論理的なパズルを解いたり、逆に組み立てたりする作業にすぎないという感覚が強く、親米や反米、拝米や排米のいずれにも与することができないでいる。

とはいえ、二〇代のほとんどを過ごし、その後も数十回と訪れているアメリカには、単なる「研究対象地域」以上の愛着があるのも事実である。二〇〇八年の大統領選挙の翌日、コンドリーザ・ライス国務長官は「この国(アメリカ)の最も偉大なことの一つは驚きが絶えない点にあります。自らを再生し続けている点です。あらゆる困難や予想を打ち負かし続けている点です」と感動の面持ちで述べた。まさにアメリカと向き合うことの難しさも、そしてアメリカを見つめることの悦びも、すべてこの言葉に集約されている気がする。

少し振り返っただけでも、たとえば、かつて大学院の入学式で、デレク・ボク総長が『オズの魔法使い』に出てくるトトという犬の話をしたことに驚いたことを思い出す。主人公の愛犬トトが大王の部屋でついたてを倒し、そのおかげで恐ろしい大王の正体が、ただの年老いた小男だとわかったというくだりである。世界的に有名な教授であっても同じ人間なのだから断じてひるむなという励ましと、物事の背後にある本質を問うていけというメッセージだったように思う。わずか四一歳で総長となり、その後二〇年間もハーバードのトップにあった名総長――優れた法学者であり教育学者でもある――がデカルトでもカントでも、ましてやショーペンハウエルでもなく、児童文学作品を引き合いに出して大学院生にエールを送る姿に感銘を受けた。

権威主義や形式主義とはほど遠いそのさまは、まさに初代大統領ジョージ・ワシントンが自らの呼称について「殿下」「陛下」「閣下」に相当する"His Elective Majesty""His Elective Highness""Your Mightiness"といったヨーロッパ流の堅苦しい尊称を一蹴し、"Mr. President"という極めてシンプルな言葉を選んだアメリカと重なり合うものだった。

私が在籍した人類学部には、当時、専任教員が三〇人程度いたが、ハーバード出身者はわずか二、三人で、学閥とはほとんど無縁の、極めて開放的な雰囲気が漂っていた。しかも半数近くは外国出身だったように記憶している。私自身、大学院には六年半在籍したが、自分の研究と関係のない雑務を指導教授から押し付けられたことは一切なかった。一流の学者ほど気さくで謙虚なことも学んだ。

ボストンでのフィールドワークもまた驚きと感動の連続だった。アメリカ史に必ず登場する、「ボストンのバラモン」に連なる名家の娘は、エスタブリッシュメントとはかけ離れた、地方の州立大学の卒業生で、褐色の肌をした、労働者階級のカトリック教徒の男性と婚約した。かつて海外の反政府運動に加担し、投獄された経験もある人物だ。しかし、彼の出自や経歴は彼女の家族では何ら問題とされることなく、今も幸せに暮らしている。

別の名家の出であるウィリアム・ウェルド・マサチューセッツ州知事(共和党)の親族二人の場合、彼らは、もしも連邦上院選挙にウィリアムが立候補しても、政策的な見地から、彼には投票しないと私に語っていた。さらには、何と、知事自身までも、妻と娘が彼の公約の一部に反対していることを、照れ笑いしながらメディアに認めたくらいだ。

こうした自由な精神に私は強い感動を覚えた。

どちらも政治的には「保守」の流れを汲む家族である。しかし、そんな色分けを内破してゆくような、開かれた自由な精神がそこにはあった。そうした自由が存在するのであれば、「保守」であるか「リベラル」であるかはどうでもいいとさえ思えた。そして、今日、その思いをますます強くしている自分がいる。
記憶に新しいところでは、レーガン政権で国家安全保障担当大統領補佐官、ブッシュ政権で国務長官を務めた共和党のコリン・パウエルが、二〇〇八年の大統領選挙中、共和党保守派の一部が「オバマはイスラム教徒である」と吹聴している点を次のように戒め、自らはオバマを支持することを表明した。

オバマ氏がイスラム教徒かと聞かれたら、彼はずっとキリスト教徒であるので違う、というのが正解です。しかし、本当に正しい答えは、彼がそうだったとしたらどうだというのか、ということです。アメリカでイスラム教徒であることに何か問題があるというのか。答えは否です。アメリカではそんなことが問題であるはずがないのです。

こうした自由な精神に導かれた、フェアなアメリカは私を魅了してやまない。それはまさに建国の理念を生き抜こうとするアメリカに思える。
アメリカにおける公文書の管理の厳格さについては、かねてより日本でもしばしば参照されている。ワシントンDCにある公文書館（NARA、アメリカ国立公文書記録管理局）のロタンダ（円形広間）に展示されている「自由の憲章（Charters of Freedom）」――すなわち、独立宣言、合衆国憲法、権利章典の三つの〝聖典〟――は、最先端技術の粋を結集させた特製ケースに収められているが、夜間や緊急時には展示場所の地下二〇フィート(約六メートル)にあるシェルターに下ろされ、厳重に保管されている。シェルターは核爆弾の衝撃にも耐え得る強度だという。国家としていかにガバナンスの原理原則を大切にしているかが分かる。

(上) アメリカ国立公文書記録管理局のロタンダ(円形広間)(The National Archives より)
(下) 合衆国憲法原文の前でグアンタナモ米軍基地内の収容所の閉鎖を発表するオバマ大統領(2009年5月21日, ©AFP PHOTO/JIM WATSON)

もちろん、こうした精神や原理原則も、現実のなかでは、さまざまに解釈され、流用され、曲解され、矮小化され、忘却されることも少なくない。およそ建国の理念とは相容れないような現実群も数多く存在する。しかし、そうした現実のみに回収させることのできないアメリカの魅力が、小さな日常の一コマや小さな制度設計のなかに息づいているのもまた確かである。

最近、私自身が感銘を受けたのは、貧困地区の公立校で二年間、年収二万五〇〇〇ドル程度で教師として働く「ティーチ・フォー・アメリカ(Teach for America)」というプログラムが、優秀な大学生の就職先として人気を集めていることである。オバマ大統領が、ハーバードのロースクールを優秀な成績で卒業後、高収入と出世への近道を自ら絶って公民権専門の弁護士という地味な職を選び、貧困層の救済に尽力したことは有名だが、オバマを生み出した文化的風土は今でもアメリカの一部にしっかりと息づいている。

二〇〇八年の大統領選では、自分の昼食代を削ってまで数ドルをオバマに寄付した若者も多かったが、いつの日か、かつてのケネディ大統領の時のように、オバマ大統領に憧れて政治家を志す若者も出てくるかもしれない。そうした姿を皮肉るのは容易いが、一人の政治家が、若者が駆けつけたくなるような、自らを重ね合わせたくなるような憧れの存在でいられることは、不信が遍在化・常態化している現代では極めて稀であるし、現在、日本に暮らす一人として、正直、少し羨ましくさえ思う。

こうした驚きや感動がある限り、私は愛着の念とともに、アメリカを見つめ続けてゆく気がする。

今回、拙著で着目したのは、題名にもあるように「逆説」である。ある理念や理想が思わぬ現実として皮肉な様相を深めてゆくさまは、古くから社会学や人類学の関心の的だった。

たとえば、本来、人びとの不安を取り除くべき制度が、逆に、人びとを不自由に追いやってゆくのは典型的な逆説だ。ドイツの社会学者マックス・ウェーバー(一八六四〜一九二〇年)が、そうした制度の肥大化や硬直化を「鉄の檻」に喩え、人間が囚われの身となってゆく逆説を指摘したことは有名だ。「人のために法は存在するのであって、法のために人が存在しているのではない」とはよく耳にする言葉だが、現実のなかでは、目的と手段がいつのまにか転倒してしまうことも珍しくない。

あるいは、ゼロ年代の日本において、新自由主義を信奉する小泉純一郎首相のもと、さらなる規制緩和を訴える一部の保守派のみならず、旧来の権力構造の崩壊を期待する一部のリベラル派が「改革」という旗幟のもとに結託したことも、今となっては逆説的な現象の一つだったといえるかもしれない。

「無縁社会」とも称されるほど社会的紐帯や共同体の分断が懸念される一方、わが国の近年の選挙では世論の「風」ないし「ブレ」が激しく、人間関係では付和雷同的な傾向が強まっているという話も耳にする。こうした一見相容れない現実も、もしかするとトクヴィルが危惧したアメリカの民主主義における「多数派の専制」という逆説をめぐる状況とどこかで通底しているのかもしれない。

拙著は、おそらくこうした日本の状況をどこかで意識しながら、私が現代のアメリカ社会と向き合うなかで気になった「逆説」をいくつか素描したものである。アメリカの延長線上に安易に日本を見据えることは、その逆同様、十分な留意を要するが、拙著が先進民主主義国ないし高度近代化社会における不安や不信を考察するうえで、何かしらの示唆を与えることができれば幸いである。

拙著の論説については、過去の著作や論考からの引用を含め、私自身がこれまでに行ってきたフィールドワークの報告を可能な限り織り交ぜながら構成した。日本とアメリカの間の情報的な距離はかつてないほど縮まっているが、現代アメリカを分析するうえで、溢れる情報を適切に取捨選択するには、理論とフィールドとの往復運動がこれまで以上に重要になっている気がしてならない。それこそまさに、クリック一つで情報が得られるインターネット時代の逆説の一つかもしれない。

＊＊＊　　＊＊＊

本文の最後に紹介したフィールドはジョージア州ディケーターにある小学校「インターナショナル・コミュニティ・スクール（ＩＣＳ）」だった。

そして、そこには決して負の逆説のみに収斂できないアメリカがあった。

拙著を締めくくるにあたり、私が初めて渡米してから二〇年目の節目となる二〇一〇年春に行われたハーバード大学の卒業式から演説を一つ紹介したい。

演説の主はジミー・ティングル(Jimmy Tingle)。

ハーバード大学のあるマサチューセッツ州ケンブリッジで生まれ育った、全米でも有名なコメディアンである。ティングル氏は、同春、晴れて、同大のケネディ行政学院のミッドキャリア・プログラムを修了した。五五歳の学生が――しかもプロのコメディアンが――卒業生代表の一人としてスピーカーに抜擢されるのは極めて異例である。

(大歓声)
ありがとう。今朝この場にいることを心から誇りに思います。
私の名はジミー・ティングル。本名です。(一同爆笑)
私はここ、マサチューセッツ州ケンブリッジで生まれ育ちました。(一同歓声)
私がハーバードの卒業式でスピーチをするなんてあまりに不似合いです。なぜなら、私は学者ではないからです。そのことは、これからお話しするなかで、ますます明らかになっていくでしょう。(一同爆笑)

私の職業はコメディアンです。一九八〇年代の初めからボストン界隈でパフォーマンスを始めました。すぐそこのハーバード・スクウェアで演じたこともあります。私はパフォーマンスをしながら世界を回りました。自慢じゃないですが、二年前、ヨーロッパでも演じました。(一同爆笑)

素晴らしい〝国〟でした。(一同爆笑)

今朝この場にいることが出来て嬉しいです。皆さんはこの冗談を分かってくださったのですから。(一同爆笑)

私はケンブリッジの長い知的伝統のなかで育ちました。大学のすぐそばに住んでいたのです。(一同爆笑)

父はタクシー会社を経営し、ハーバード・スクウェアで営業していました。ハーバードの教授たちが車のなかで父にいろんな話をしました。そして家に戻ってから、父は私たちにその話をしてくれたのです。(一同爆笑)

何世代にもわたって、ハーバードは優秀な学生たちに奨学金を与えてきました。

小学三年生の頃から、今日、ここに参列している母は、私にこう言い続けました。「ジミー、一生懸命勉強したら、いつかハーバードに入学できるのよ」と。

でも、六年生になる頃には、母はそう言うのを止めました。(一同爆笑)

中学二年生になる頃までには、近所の皆が、ハーバードに目を向けていました。といっても奨学金に対してではなく、自転車を盗むのに絶好の場所だったからです。（一同爆笑）

このヤード（中庭）を逃げ回ったことを今でも思い出します。（一同爆笑）四〇年くらい前のことです。ハーバードの学生、教授、そして大学警察の皆に追いかけられました。（一同爆笑）

一九六〇年代、他の大学では公民権やベトナム戦争をめぐって学生と大学当局が激しく対立していました。しかし、ここハーバードでは、私と友人たちが、学生、教授陣、そして警察を結束させたのです。（一同爆笑）

宗教に目覚めたのもこのヤードでした。追いかけられながら、「神様、どうか捕まりませんように！　二度とやりません。お母さんに殺されます。母は僕にハーバードに入学してほしいのです。母は本気なのです！」と必死に祈ったものです。（一同爆笑）

そのとき、気づいたのです。私はミサの侍者だったのです。カトリック教徒だったのです。自転車を盗む前に祈っているべきだったのです。（一同爆笑）

今朝、ここにお集まりの同窓生の皆さんに、ならず者だったケンブリッジ、そしてボストン界隈の若者すべてを代表して、皆さんの自転車を不当に盗んだかもしれないことに対

して一言述べさせていただきます。ごめんね。(一同爆笑)

卒業生の皆さん、皆さんの多くはビジネスや政治、政府などで、大きな権力と影響力を持つ地位に就かれると思います。ズルをし、嘘をつき、盗み、騙そうとする誘惑には大変なものがあるでしょう。今日、私から皆さんへの忠告はただ一つです。「罪を犯す前に、導きを求めてください。」(一同爆笑)

私を信じてください。自分で神に救いを求めるほうが、卒業式で赦しを請うよりも、はるかに恥ずかしくないことです。(一同爆笑)

私は若い頃の小さな罪が報われなかったことに感謝しています。もしもあのとき不正が報われていたら、今日、私は皆さんとこの場にいなかったことでしょう。私の人生は異なる方向へ向かっていたことでしょう。ウォール街で働いていたかもしれません。(一同爆笑)

学校にはいつも行きたいと思っていたのですが、もう遅すぎるとも感じていました。家族や友人、仲間に励まされて、とにかく出願してみたのです。そして、皆さんと同じく、合格通知が届いたときは大喜びでした。信じられませんでした。妻に言いました。「こんなこと信じられないよ。何年もかかったけど、本当にハーバードに合格したんだよ……卒業式でスピーチする人が本当に必要だったんだね」って。(一同爆笑)

それからというもの、皆、こう尋ねてきました。「ジミー、どうしてコメディアンがハーバードに行くことにしたんだい」ってね。皆さんとまったく同じ理由です。合格したからです。(一同爆笑)

そして、皆さん同様、大学では新しい挑戦が待っていました。私にとっていちばんの挑戦は統計学の授業でした。でも、幸運なことに、その授業にはデボラ・ヒュー・ハレットという素晴らしく献身的な先生がいました。(一同拍手)

彼女は親切にも補習のセッションを設けてくれたのです。私は毎回欠かさず出席しました。そこにはいつもお馴染みの光景がありました。私と一九人の留学生というものです。(一同爆笑)

互いに紛争を抱えている国々から来た学生たちが互いに助け合っていました。インドとパキスタン、トルコとギリシャ、イスラエル人とパレスチナ人……。皆、互いから学び合っていました。皆、本当に支え合っていました。人種や民族、宗教のラインを超えて、です。そして、強いボストン訛りの持ち主として言わせてもらいますが、皆、英語を第二言語として、です。(一同爆笑)

今日、私たちがこの場にいられるのは、誰かが私たちを助けてくれたからです。家族、友人、同僚、先生、大学当局、奨学金、神様、あるいは聖なる権威……誰かが、何かが私たちを助けてくれたのです。これからは私たちが誰かを助ける番です。それが教育というものです。それこそが人類の進歩の基本を成すものです。私は心の底からそう信じています(一同拍手)。

物質的、精神的、そして知的な助けがあれば、この世に不可能なことなどほとんどないと思っています。

補習に参加していた学生は皆、無事に単位を取得しました。統計学の授業で「A(優)」を取った者もいます。

私は「B(良)」でした。(一同爆笑)

私にとっては奇跡です。(一同爆笑)

いや、正直にいうと「Bマイナス」でした。(一同爆笑)

小さな奇跡です。(一同爆笑)

でも、もし私が必要な助けを得ることによって、「Bマイナス」という評価を、統計学で、大学院で、ハーバードで得ることができるのなら、世界の平和に対してだって希望が持てるというものです。ありがとう。(一同拍手)

オバマの大統領就任とは比べるまでもなく、そして「インターナショナル・コミュニティ・

スクール」と比しても、はるかに小さな日常の一コマにすぎない。

しかし、そこにも確かに、陽気で、楽天的で、寛大で、そしてフェアな、私を魅了してやまない希望のアメリカがあった。

オバマ大統領の被爆地訪問が実現することを願いながら

二〇一〇年夏　メイン州ケネバンクポートにて

渡辺　靖

渡辺 靖

1967年生まれ．ハーバード大学大学院博士課程修了(Ph. D. 社会人類学)．オックスフォード大学シニア・アソシエート，ケンブリッジ大学フェローなどを経て，現在，慶應義塾大学SFC教授．アメリカ学会常務理事．専門はアメリカ研究，文化政策論．日本学士院学術奨励賞受賞．

単著―『アフター・アメリカ』(慶應義塾大学出版会，サントリー学芸賞，アメリカ学会清水博賞)
『アメリカン・コミュニティ』(新潮社)
『アメリカン・センター』(岩波書店)
The American Family (University of Michigan Press & Pluto Press) など

編著―『現代アメリカ』(有斐閣)
Soft Power Superpowers (M. E. Sharpe) など

アメリカン・デモクラシーの逆説 岩波新書(新赤版)1277

2010年10月20日 第1刷発行
2013年 2月25日 第2刷発行

著 者 渡《わた》辺《なべ》 靖《やすし》

発行者 山口昭男

発行所 株式会社 岩波書店
〒101-8002 東京都千代田区一ツ橋 2-5-5
案内 03-5210-4000 販売部 03-5210-4111
http://www.iwanami.co.jp/

新書編集部 03-5210-4054
http://www.iwanamishinsho.com/

印刷製本・法令印刷 カバー・半七印刷

ISBN 978-4-00-431277-2 Printed in Japan

岩波新書新赤版一〇〇〇点に際して

ひとつの時代が終わったと言われて久しい。だが、その先にいかなる時代を展望するのか、私たちはその輪郭すら描きえていない。二〇世紀から持ち越した課題の多くは、未だ解決の緒を見つけることのできないままであり、二一世紀が新たに招きよせた問題も少なくない。グローバル資本主義の浸透、憎悪の連鎖、暴力の応酬――世界は混沌として深い不安の只中にある。

現代社会においては変化が常態となり、速さと新しさに絶対的な価値が与えられた。消費社会の深化と情報技術の革命は、種々の境界を無くし、人々の生活やコミュニケーションの様式を根底から変容させてきた。ライフスタイルは多様化し、一面では個人の生き方をそれぞれが選びとる時代が始まっている。同時に、新たな格差が生まれ、様々な次元での亀裂や分断が深まっている。社会や歴史に対する意識が揺らぎ、普遍的な理念に対する根本的な懐疑や、現実を変えることへの無力感がひそかに根を張りつつある。そして生きることに誰もが困難を覚える時代が到来している。

しかし、日常生活のそれぞれの場で、自由と民主主義を獲得し実践することを通じて、私たち自身がそうした閉塞を乗り超え、希望の時代の幕開けを告げてゆくことは不可能ではあるまい。そのために、いま求められていること――それは、個と個の間で開かれた対話を積み重ねながら、人間らしく生きることの条件について一人ひとりが粘り強く思考することではないか。その営みの糧となるものが、教養に外ならないと私たちは考える。歴史とは何か、よく生きるとはいかなることか、世界そして人間はどこへ向かうべきなのか――こうした根源的な問いとの格闘が、文化と知の厚みを作り出し、個人と社会を支える基盤としての教養となった。まさにそのような教養への道案内こそ、岩波新書が創刊以来、追求してきたことである。

岩波新書は、日中戦争下の一九三八年一一月に赤版として創刊された。創刊の辞は、道義の精神に則らない日本の行動を憂慮し、批判的精神と良心的行動の欠如を戒めつつ、現代人の現代的教養を刊行の目的とする、と謳っている。以後、青版、黄版、新赤版と装いを改めながら、合計二五〇〇点余りを世に問うてきた。そして、いままた新赤版が一〇〇〇点を迎えたのを機に、人間の理性と良心への信頼を再確認し、それに裏打ちされた文化を培っていく決意を込めて、新しい装丁のもとに再出発したいと思う。一冊一冊から吹き出す新風が一人でも多くの読者の許に届くこと、そして希望ある時代への想像力を豊かにかき立てることを切に願う。

（二〇〇六年四月）